# zengo

# 禅語

石井ゆかり　文
井上博道　写真

# はじめに

「禅語」とは、茶室の掛け軸に書かれるような、仏教の名句や中国の詩句の総称である。「一期一会」「挨拶」など、日常語に転じた言葉も少なくない。禅宗では、禅師が修行僧に向かって公案を問いかけ、それに応えさせるという、いわゆる「禅問答」を行う。この問答からくる言葉が、禅語の大半を占める。

本来、公案について解説することは、その資格を与えられた修行者にしか許可されないそうだ。だが、この本はもちろん、そうした正式な解説書ではない。それどころか、筆者は禅にも茶道にもまったく足を踏み入れたことのない、完全な門外漢である。

そんな完全な門外漢（女性だが）がどうしてこの本を書くに至ったかというと、編集者のTさんから「禅語に興味はありますか？」と聞かれて「はい」と応えた、というだけのことだった。そんなゼロの状態から何冊かの本を読み、書き進めるにつれて、どうも、あのスタートの仕方は、それほどまちがってもいなかったような気がした。つまり「機縁」であったので、それに逆らわなくて正解だったのだろう（と思いたい）。

茶道も禅も知らない私というひとりの人間が、仏道の言葉に出くわしたとき、いったいどんなことを考えたのか、というのがこの本の中身である。まずその言葉を現代語におきかえ、さらにその含意を私なりに「こういうことかな？」と想像した、勝手なエッセイに過ぎない。非常に乱暴な仕事で、おそらく、茶道や仏教界にいる方々の目から見れば、とんでもない所行なのかもしれない。

だが、仏教は、私のような何も知らない迷える衆生のためにあり、禅語も、そんな仏教のひとつの手段だ。とするなら、それに触れ、自分なりにそれについて考えることは、仏様は「悪い」とはおっしゃらないだろうとも思っている。あまたある仏教の書、禅語の本は、僧侶や研究者が記した「教え」だが、この本はそうではない。私は教える側ではなく、教わる側、考える側としてこの本を書いた。その作業は、大変だったけれど、同時に、心弾む楽しいものでもあった。その楽しさを読者の皆さんに少しでもお裾分けできたら、と願っている。

石井ゆかり

# 目次

## あ



## か

# さ

## た



## な



## は

## ま



## や



## ら

# 相逢不相識《あいおうてあいしらず》
# 共語不知名《ともにかたりてなをしらず》

お互いのことを何も知らないまま出会い、肩書きや名前も知らないままで語り合う。

この言葉を読んで、ある学生時代の友人の言葉を思い出した。

「俺は、すごく頭のいいやつと、亀の子タワシの話とかしてたいんだ」「俺の友だちで、クリームソーダのさくらんぼが浮いたり沈んだりするのを見て、『ここに人生がある』って切々と語るやつがいるんだけど、俺はそいつがすごく好きなんだ」

彼は聡明かつ博識で、哲学的で、卓抜なユーモアのセンスに恵まれ、何より、人間への関心と情愛にあふれた人だった。既に故人となったが、今でも心から尊敬する友だ。この彼の何気ない言葉を私が忘れないのは、彼の人に対する態度が、ここにありありと現れているからだ。彼は、相手が、どうでもいいようなことの中に何を発見する人間なのか、そこにしかおもしろみを感じないのだ。ただ知識をひけらかし合うだけの会話や、損得づくの情報交換などにはうんざりしていたのだろう。

お互いのことを何も知らず、名前も知らないまま話し込む。バーや居酒屋などではそういうことがしばしば起こる。そこで語られることには、損得や利害関係、立場性などは一切入り込まない。では、何のために語るのか。

何のためでもない対話。これほど心弾む対話はない、と私も思う。

# 挨拶《あいさつ》

禅宗で、僧が問答をくり返しやり合うこと。転じて、私たちが毎日交わす会釈、受け答えの意味になった。

「挨」は、押しせまる、という意味で、「拶」も、せまる、の意味を持つ。「挨拶を交わす」ことは、ごく軽いコミュニケーションとしてとらえられているが、それを表す文字は、強く圧するような迫力を持っているのだ。

満員電車でぎゅうぎゅうに押し込まれ、互いに体を押しつけ合っていても、私たちは完全に他人でいられる。言葉を交わさない限り、見知らぬ人であり、いわば、壁や物体と変わらない。言葉を交わさない相手は私たちにとって、何の意味も持たない

「他人」だ。けれどもひとたび「こんにちは」と声をかけられた瞬間、その相手は、ほとんどモノから人に変身したように、あざやかに景色の中に浮かび上がって見える。こちらからも返事をしなければならない、力を持った存在に変わる。

挨拶は、交わされる言葉そのものにはほとんど意味がない。「こんにちは」は英語に直訳すれば「today」でしかない。何の用事もない。何の情報もない。でも、「こんにちは」と声をかけられたとき、そこに、私たちは自分にとって何らかの意味を持つ人間の姿を見い出す。その一言に、安心やつながりを確かめる。モノが人に変わるような劇的な変化を、「挨拶」は引き起こすことができるのだ。

# 相知満天下《あいしるはてんがにみつるも》
# 知心能幾人《こころをしるはよくいくにんならん》

知り合いはたくさんできても、心からわかり合える相手というのはそうたくさんいるものではない。

信じていた友だちから裏切られて深く傷ついた、という人がいる。「人間不信になり、もう誰も信じられない」と心を閉ざす人もいる。肉親に理解されないこともあれば、先生に人間性を否定されることもある。「同じ人間なんだからわかり合えるだろう」というのが、私たちの無意識の前提になっているようだ。しかし、なかなかそうはいかない。

わかってもらえるはずだ、と心をひらいては、拒否されたり誤解されたりして、ショックを受ける。大人になるに従って、だんだんとガードを固め、慎重に人と相対するようになる。自分には相手の心がよくわかっても、相手にはわかってもらえない、ということがある。逆もまた然りだ。

そんな中でも、「心が通じ合える」と思える相手に、まれに、出会えることがある。そういう相手と時空を共有できるのは、かけがえのない喜びだ。

わからないのがあたりまえで、わかり合えることは奇跡のようにすばらしい。そう思っていられれば、わかり合えない相手にいたずらに傷つけられることもない。この言葉は、私の心をちょっとだけ悲しませる。そして、幾人かの顔を思い出させてくれて、その上で、小さな希望を与えてくれる。

# 愛心《あいしん》

愛する心。

愛とは、日常的に使う場合、文句なしに「いいもの」だ。しかし、仏教の世界では、愛は、苦しみのもととされている。確かに、何かを愛することから、多くの苦しみが生まれる。愛する人が自分を愛してくれなかったら苦しい。愛する人が死ねば、文字通り死ぬほどの苦しみを味わう。愛する人を誰かに奪われたら、奪った相手を呪ってしまうこともある。愛さなければ苦しまずにすむ。だけれども、人は誰かを、何かを、どうしても愛する。仏教では、苦しみのもととなる愛は手放せ、という。

しかし、その一方で「慈悲」という言葉がある。慈悲もまた、誰かへの思いであり、愛情によく似ている。慈悲は、悲、つまり、自分の心を「非ず」として、相手の心になってしまうような思いなのだそうだ。愛は、自分の心は自分の心として、相手の心を自分のものにしようとする。慈悲は、自分の心と相手の心の区別をなくし、相手の心を生きようとする。愛する人がもし、自分を愛せないと言ったら、慈悲の心は相手の心を生きる。つまり、自分を愛してくれない相手の心をそのまま、受け止める。どうしても振り向かせようとか、相手の恋人に嫉妬するとかいう気持ちは起こらない。

　もちろん、そんなことは、簡単にできたりしない。どんな賢者だろうと、愛するものを諦めるのは身を切られるように辛いことだ。でも、真の慈愛に満ちた人は、愛が裏切られて痛烈な苦しみにもだえるときも、血を流しながら、相手の心の様子に自分の心を重ねてみることができる。

# 家無滞貨不富

いえにたいかなくんばとみならず

売りにくい品物が家にたくさん売れ残っているのでなければ、本当の大商人とは言えない。

効率よく、無駄を省いて、と、家でも学校でも職場でも、誰もが考えている。遊びや休息にまで、この考えが持ち込まれているようだ。でも、そうして節約したものは、いったいどこにたまって、どんなふうに使われているのだろう、と考えると、何だかだまされたような気がしてくる。

無駄なものがたくさんあってこそ富んでいるといえるのだ、というこの言葉に、私のような生業の人間は、強いリアリティを感じる。漫画を読むとか散歩をするとか、飲みすぎて一日中寝ているとか、そんなひどく無駄に思える時間の中から、不意に、文章のアイデアが浮かんだりするからだ。どんなに努力して探しても見つからないものが、天から落ちてくる瞬間があるからだ。この「天」がすなわち、混沌とした、ムダの集積の正体だという気がする。

家庭を除菌・滅菌しつくした果てに、アトピー皮膚炎やアレルギーに苦しむ子供が増えたと言われている。かつて私の祖母などは、少々のカビや虫食いなどは「薬になる」といって、適当に削っただけで食べてしまっていた。

ノイズ、ムダ、冗長性。これらを排除しつくしたところにある世界を想像すると、うそ寒いような恐怖を感じる。「意味のある時間」と「意味のない時間」を分けることで狂ってしまう時計を、私たちは体の中に、内蔵しているのではないかという気がする。

# 行到水窮処《いきてはいたるみずのきわまるところ》
# 坐看雲起時《ざしてみるくものおこるとき》

山の中を歩いて川の源にたどりつき、そこに腰を下ろして雲のわきおこる様を見る。

圧倒的なスケールを持つ言葉だ。この流れはどこからはじまるのだろう？　という疑問を抱き、それがきわまりつくすところまでさかのぼっていくと、そこに雲の源があって、天空にわきのぼっている。雨のもととなる雲、それがわき起つ場所というのは、すなわち、世界に水をもたらすおおもとの場所、ということになる。

　パズルやクイズを解こうとするとき、その思考の最中では、「これが答えかな？」という仮説に何度か、出くわす。でも、半信半疑でそれを正解に照らし合わせると、たいてい、違っている。正解は、それを思いついた瞬間に、それが正解だとわかる。ほかに答えがないことがわかる。用意された答えと照らし合わせなくても、これが絶対に正解だと確信できる。

　水のきわまる場所まで歩いていくのは、パズルを解こうとするプロセスに似ている。こちらから問いかけ、探り、働きかけていく。すると、その働きかけがきわまりつくしたある瞬間、答えが向こうから襲い掛かってきて、もうこちらからは何をすることもなくなる。絶え間ない能動がきわまりつくした瞬間に、圧倒的な受動がそれに取って代わるのだ。私たちは、道を歩くように答えを探し、悩む。でも、たどりついたところにあるのは、道の延長線上にある「場所」ではなく、その人を向こうから包みこみ変えてしまう、圧倒的な「時間」なのだ。

# 石圧筍斜出《いしあっしてたかんななめにいでて》
# 岸懸花倒生《きしにかかってはなさかしまにしょうず》

たけのこは石をよけて斜めに生え、岸壁の花は逆さまになってでも咲く。人をみちびくときには、相手の内面や状況に合わせて、やり方を変える、の意。四角四面にただ「正しい」だけでは、道はきわめられない。

心のどこかに「ほんとうにやりたいこと」があっても、なかなかそれをできない人が多い。親が反対するとか、お金がないとか、年を取りすぎたとか、養わなければならない家族がいるとか、さまざまな理由で「ほんとうにやりたいこと」を諦める。しかし、後になって、「やりたいことができなかった」と心のどこかで誰かを責めてしまうようなら、たぶん、その選択は正しくなかったのかもしれない。

なぜなら、人の心は無意識に「できない理由」を集めて、「ほんとうにやりたいこと」から逃げだそうとすることがあるからだ。正しくないように思えることでも、本当に成し遂げたいことがあるときは、その方法を敢えて選択することがある。

石があるから真っ直ぐに外に出られない、だから芽を出すことを諦める、とは、たけのこは思わない。体をねじ曲げてでも芽を出す。断崖の花も同じで、自ら咲き出すことだけが大切なのだから、たとえ頭上に頂くのが青空や日光でなく、岩に砕ける波飛沫であっても、懸命に枝を伸ばす。

禅宗ではないが、この言葉から思い出した、次のような話がある。

浄土宗の始祖、法然上人は、遊女たちが救いを求めるのにこう応えた。「あなた方はできるなら、今の稼業をやめて堅気になるに越したことはない。しかし、どうしてもやめられない事情があるなら、そのままでもよい。ただ、仏に救われると信じて念仏しなさい」と。

# 一期一会《いちごいちえ》

幾度同じ相手と茶会で交わろうとも、今日このときの会に二度戻ることは決してできない。人と会うということは、常に、一生に一度の貴重な機会なのだ、という千利休の茶道の心得。

禅語の中でおそらくもっとも有名な言葉だろう。
この言葉は、千利休の弟子である山上宗二の著書に書かれ、これを幕末の大老、井伊直弼が自著に引いたことから広まった。井伊直弼と言えば、黒船の来邦で揺れた幕末期に、開国派として強権をふるい、安政の大獄という大粛正を行った人物である。その苛烈さから「赤鬼」と渾名され、自らも桜田門外の変で暗殺されるという、すさまじい生涯を送った。

そんな人物が「一期一会」を説いたということに、ある種の戦慄のようなものを感じるのは、私だけだろうか。またその人に会えるかどうかわからない、それを証明するかのように、彼は多くの人を断罪して急死させ、自身もまた、突然に死んだ。

私たちは、空間や物体は手で触れるし目にも見えるけれど、時間はつかみどころがなくとらえることができない、と感じている。しかし、本当にそうなのだろうか。

去年見惚れた桜の大木が、いつの間にかマンション建設のために切り倒されている。先週入ったお店が、今週、店じまいしている。それらにはもう、二度と会えない。

私たちはしばしば「時間がない」と言う。でも、時間は、生きている限り、私たちの中に流れ続けている。失われていくのは、空間であり、物体のほうだ。

時間と空間ということを数学的に座標系として書き表すと、時間は実数で、空間は虚数で示されるのだそうだ。虚数とは、二乗するとマイナスになる数、すなわち、存在しない数である。そんな不思議な数は、むしろとらえがたい「時間」のほうに似つかわしいようだが、実はそうではないのだ。とらえがたい不思議なものは、目の前にある空間であり、この位置、この地点のほうなのだ。

「また会える」というのは、時間に対する感覚で、空間や物体に関する感覚ではない。私たちはそれを、頭の中であべこべにすり替えてしまう。このすり替えを、「一期一会」という言葉は、もとに戻そうとしているように思える。

# 一夜落花雨《いちやらっかのあめ》
# 満城流水香《まんじょうりゅうすいかおる》

雨が一夜にして花を散らした。翌朝、流水が落ちた花をはこび、街中が花の香りに満たされている。

この稿を書いているまさに今、数時間前までの豪雨で散った金木犀の香りが、部屋の空気を満たしていることに気がついた。香気を濃密に含んだ風が吹いている。一瞬で散り落ちてしまった花を惜しむ人の鼻腔に、いつにもまして華やかな匂いが満ちる。その匂いは街中にあふれ、人々の心にしみ透っていく。失われたはずのものから、新しい何かが生起したことにはっと気づく、このような座標の転換は、人を深く感動させる。

先日、ある有名なミュージシャンが急死した。多くの人がその人を悼み、メディアでもたくさんの追悼特集が組まれ、ファンの人々はレコードを買い直し、彼の音楽をもう一度聴いた。花は一瞬にして散ったが、その香気は至るところに濃厚に立ち上った。その人がもともと秘め隠していた香りが、雨に流されて一気に解放されたようだった。死人を食い物にしている、という見方もある。しかし、その音楽を聴き直し、その味わいを何度も心にトレースする、という個人の事実に嘘はない。

バッハやモーツァルトはとうの昔にこの世から去っているのに、今もその音楽は奏でられ続ける。かたちあるものは、かたちのないものにかわって、命を永続させることができるのだ。

# 宇宙無双日《うちゅうにそうじつなく》
# 乾坤只一人《けんこんただいちにん》

宇宙に太陽は二つとなく、天地の間にわれわれひとりがただある。

太陽は恒星だ、ということを考えると、惑星を従えている「太陽」のような存在は、宇宙に無数にある。したがって、この語は厳密にはおかしいようにも思える。

「太陽系の中心」は太陽だが、それを「太陽系」というふうに発見し定義し命名したのは、われわれ人間だ。

だから、「太陽系」の中心は、二つある。ひとつは物理的に渦の中心にある太陽であり、もうひとつは、その太陽の力に命を支配されつつ、自らのためにそれに名前をつけたわれわれだ。

宇宙は双日なし、乾坤ただひとり、というのは、私たちがどんなに「客観」を目指したところで、結局は絶対に主観の外に出ることはできない、ということを説いているように思える。これは、「人間であれば、ものの見方が偏ることは仕方がない」というような、程度問題ではない。

誰もが、自分が見聞きしたことや考えたことを「正しい」と感じている。だが「客観」はあくまで、どんなに頑張っても「主観」が考えた仮説でしかない。その「正しさ」の世界の中にいるのは、私ひとりだけなのだ。

主観がとらえる天と地の間に私がひとりあるのだ、人間にはそういうふうにしか世界を見ることはできないのだ、と、この言葉は警告している気がする。

# 燕雀安知鴻鵠志《えんじゃくいずくんぞこうこくのこころざしをしらんや》

燕や雀のような小鳥に、どうして大きな鳥の心がわかるだろうか。小さな人間には器量の大きな人間の抱く志は理解できない、の意。

自分の夢を「貴方にはそんなことは無理だよ」と笑われたら、誰でも失望や悲しみを感じる。怒りを感じることもあるだろう。常識的に考えろ、現実を見ろ、などと言われることもある。「醜いアヒルの子」の話は、燕雀に笑われ続ける鴻鵠の話、といっていいと思う。幼い白鳥が持つ真の翼の大きさが、誰にもわからないのだ。

誰かに無理だと言われたから、とか、もうこんな年になってしまったから、とか、世間は人に夢を諦めさせる理屈で満ちている。そんな小さな理屈に飲み込まれなかった人だけが、天空に翼を広げて飛翔することができる。

この言葉は、私にとっては懐かしい言葉だ。高校生の頃、しばらくイジメられたことがある。そのとき偶然、辞書の中にこの言葉を見つけて、それが、支えになったのだ。この言葉を心ににぎりしめて、自分をいじめるような小さな人間には、私の心はわからないのだ、わかってたまるか、と昂然と頭を上げていられた。

今にして思えば、実にナマイキで高慢だったと思うけれど（もしかすると、そういう態度が原因でいじめられていたのかもしれない）、そんな心のつっぱりのようなものだけで、理不尽な現実に何とか抵抗できることもあるのだ。

# 喝《かつ》

大声でどなること。言葉による説明では悟りに至らない禅の世界で、言語的意味を持たない大音声により、自己の悟りを外側に向かって体現し、示すことを言う。師が弟子に一喝する場合、弟子の思考による迷いを断ち切ったり、師の力を感得させたり、弟子の成長を試したりする作用を持つ。

「これが悟りだ」と言葉で説明してもらっても、悟ることはできない。だからこそ、禅という修行がある。ただ「クワーッ！」と大声を発する「喝」は、師と弟子のコミュニケーション手段なのだろう。喝は、「一喝する」などのように、そのときの誰かの状況や問いかけに対して、どちらかと言えば否定する声だ。

でも、禅の世界では、肯定・否定という区別自体が排除される。「おまえはそんなことではいけないよ」という教え諭しは、そもそもナンセンスなのだ。

大声は、人を驚かせる。いきなり大声を出されたら誰でもびっくりする。びっくりすると、人は目をかっと見開く。何が起こったかわからないので、何が起こっているのか確かめようとするわけだ。そこでは、まだ、「いいこと」が起こったのか「わるいこと」が起こったのか、わからない。びっくりしているとき、人は物事を判断していない。つまり、心の中が真っ白になるのだ。この「心の中が真っ白」という状態は、いわゆる「明鏡止水」、期待や妄想や恐れのないまっさらな心の状態に、よく似ている。「火事場の馬鹿力」という言葉があるが、あれも、突然の災難にあってびっくりしたが故に、意識や感情の制限を受けずに体が動くということなのだろう。その心はまっさらで濁りがない。

びっくりさせられたとき、迷いや想像が一瞬途切れる。そしてそこに、もともと自分が持っていた何事かが覚醒する。

たとえば、愛する人にふと、名前を呼ばれるだけで、身が震えるほどの充足を感じることがある。落ち込んだとき、友だちの声を聞いただけで、ふと落ち着きを取り戻すことがある。言葉自体に深い意味はなくとも、自分以外の人間が自分に向かって発する声の、あの玄妙な作用は、まさに神秘的だ。

# 打葛藤《かっとうをたす》

葛藤は、つたかずら。この植物がほかの植物に絡みつく様子から、悩み苦しんで身動きが取れない人の姿を現す言葉となった。

葛藤という言葉は、日常語となっている。でも、これが植物の名前であることは、あまり意識されていないと思う。私もこの仕事を進める中で、はじめて気がついた。言葉の由来をたぐることは、その言葉がもともと持っているポテンシャルのようなものを探る作業のような気がする。葛藤とは、つたかずらという、あの絡みつく植物のことだ、と知ったとき、頭の中にそのイメージが浮かぶ。すると、「葛藤」そのもののとらえ方が、少し、変わる。

私は、かっとう、という音から「決闘」とか「闘争」「渇水」など、心全体が煮詰まったものに変わる、というイメージを抱いていた。でも、もともとこの言葉は、ただ何かが絡みついて、それのせいで身動きが取れなくなっている様を表現しているのだった。ならば、そのつたかずらを、取り去ればいいだけではないか。

もちろん、葛藤している人間にとって、それはぜんぜん、簡単なことではない。でも、葛藤を打す、という言葉から、ぐるぐる絡んだつたかずらを竹箒のようなものではばさりとはがしてしまうイメージがわく。それは、いかにもせいせいした景色だ。

この言葉は禅の言葉で、「打す」は、警策で座禅する人の肩を打つということにつながる。葛藤はそんなふうに、何かの衝撃で、突然ばさりと落ちてしまうこともある。

# 看脚下《かんきゃっか》

足元を見よ、の意。足元とは、自分の日常生活やもっとも身近なもののこと。

「足元を見る」という言い方がある。昔、街道筋の宿場などで、駕篭かきや馬方が旅人の足元の様子を見て、どれくらいくたびれているか判断し、値を下げたりふっかけたりしていた。疲労していると、いくらでもいいからとにかく駕篭に乗りたい、馬に乗りたい、と思い、多少高くても払ってしまう。それが転じて、相手の弱みにつけ込んで利益を得ようとすることを言うようになった。

自分の現状には、とかく、気づきにくい。具合が悪くても病気にかかっていることに気づかなかったり、ストレスを溜めていることがわからずに毛が抜けたり鬱になったりする。家族のことや仕事のこと、タテマエや体裁など、自分の外側のことばかり気にしているうち、「自分」が自分の生活から消え、どこに立っているのかわからなくなってしまうのだ。

あの人がこれをしてくれれば、彼さえ変わってくれれば、と、私たちはしばしば、外側に期待をかける。でも、そんなとき、本当の問題の所在は、自分の中にあったりする。

# 寒時寒殺闍黎《かんじはしゃりをかんさいし》

# 熱時熱殺闍黎《ねつじはしゃりをねっさつす》

寒いときは寒さに徹し、暑いときは暑さに徹すればよい、の意。「殺」は殺すの意味ではなく、強調語。

少し以前、夏はクーラーで冷えるのでココアを飲むと、手足が温かくなります、ということで真夏にホットココアが流行したことがある。熱が出たら熱冷ましを飲んで頭を冷やし、頭痛がすれば痛み止めを飲み、雨が降れば傘をさし、陽が射せば帽子や手袋で紫外線を防ぐ。私たちは日々、自然の移ろいに抵抗することにあらん限りの労力を注いでいる。悩みができれば早く「ポジティブに」悩みから脱出したい。失恋の傷をいやすためにできるだけ早く恋を忘れ、新しい恋人を探したい。苦労しないで時間をかけずに英語をマスターしたい。私たちはとかく、何でもこの通りだ。

宮沢賢治の「雨ニモマケズ」はとても有名な詩だが、この冒頭、「雨ニモマケズ　風ニモマケズ」は、雨風に抵抗しようとしているようにはどうも、読めない。雨の日は雨に濡れ、風の日は風に吹かれながら、それを苦にせず、倒れもしない、というふうに読める。寒いときには寒くなりきり、暑いときは暑さになりきり、雨が降れば雨に、風が吹けば風に、それぞれ晒されていっこう困らないのだ。

私は、大雨のとき、傘を持たずに歩き回るのが好きだ。心の中の荒ぶるものがかき回されるようで、大声で笑いたくなる。

# 喫茶去《きっさこ》

趙州和尚は、新参の僧が来るといつも「ここに来たことはあるか」と問う。これに、「はい、あります」「いいえ、はじめてです」のいずれの応えに対しても、趙州は「喫茶去」とだけ言った。あるとき、それを聞いていた寺の院主が「和尚はなぜ、どちらの答えにも同じく『喫茶去』としかおっしゃらないのですか」と尋ねると、趙州は院主に「喫茶去」と応えた。

この言葉は、日本では「まあ、お茶でも飲んでいらっしゃい」と訳されることが多い。しかし、これは本当は「喫茶しに行け」「茶を飲みに行け」という強い命令語であるらしい。

座禅はひとりでする修行だが、茶を飲むことは、二人以上でする修行だ。私たちは日々、少しずつ変化し続けている生き物で、今この瞬間の「自分」と同じ自分には、もう二度と会えない。ある人とある人がある瞬間に「会う」ということは、もう二度とくり返されない、たった一度だけの機縁なのだ。そんな特別な時空で、ただ一度だけできる修行が「喫茶」なのだとすれば、これほど緊張感に満ちた、抜き差しならない「行《ギョウ》」があるだろうか。

誰かと出会うときはいつも、自分でも気づかなかった自分の一部を引っ張り出されてしまう。未熟さや弱さに気づかされたり、時には、長所を見つけたりもする。自分のことが本当にわかるのは、「誰か」がそこにいるときだ。

「誰か」に出会っているその瞬間、特別な光が自分を照らし出しているように思える。

# 無不是薬者《くすりならざるものなし》

世の中に、薬にならないようなものはひとつもない。

「毒にも薬にもならない」という言い方がある。あたりさわりのない、これと言って特徴のない人をそう言ったりする。毒は悪いものだけれど、毒があればあったで、それは何かに使いようがある、ということなのだろう。「薬」と呼ばれるものにも毒のようなものはたくさんある。虫を殺す農薬はその典型だ。いいものと悪いもの。私たちは無意識にそれを分ける。この人はいい人で、この人は良くない人だ、と分ける。自分に対してもそうで、優れた人と自分を比べては、「私にはこんな欠点がある」と嘆いたりする。

でも、物事も人も、みんな「何かの薬なのだ」と考えてみると、ちょっとおもしろい。自分が何かの薬になるとしたら、それはどんな作用を持つ薬なのだろう。

毒や薬になる部分というのは、ある種の過剰な、バランスの悪い部分だ。デコボコした部分だ。誰もが、「自分はこういうところが過剰だ」とか「こういうところが足りない」とか思っている。でもそれは、たぶん、コンセントのプラグとソケットみたいなもので、出っ張りや凹みが即「悪い」ということではないのだろう。それどころか、そんな過剰さや欠落がなければ、それこそ「毒にも薬にもならない」のだろう。

出っ張りや凹みは、それがあるというところに意義がある。誰もが、誰かの薬として、偏った特徴を持って生きている。

# 雲去山嶺露《くもさってさんれいあらわる》

厚い雲が風に乗って去ると、雄大な山嶺が堂々とそこに現れる。覆い隠しているものがあったとしても、本来誰もが持っている仏性はそこにあって、変わらない。

仏教では、誰もが生まれながらに仏性を持っている、とされる。仏性とは、仏の本質であり、これによって立つとき、人は苦しみから解放され、仏のように他者を救う存在になれる。

だが、人間は煩悩というものに支配されていて、なかなか仏のように生きることができない。貪欲や愛欲に苦しみ、老いて死ぬことが受け入れられず苦しみ、自分の中から生まれる苦しみに苛まれ続けて生きている。

「傷ついた」という言い方がある。「誇りを傷つける」「心が傷つく」「裏切られて傷つき、誰も信じられなくなった」などのような言い方をする。でも、本当にそんなふうに人を「傷つける」ことができるのだろうか。傷というのは、そのものの本来の形を変える、ということだ。軽い傷痕は消えるが、消えない傷痕もある。本来完全であった形を不完全なものに変え、二度ともとに戻せなくするのが「傷」だ。

私たちが「傷」と呼ぶものの正体は、山嶺を隠す雲のようなものではないか、と私はしばしば、考える。雲が山嶺を傷つけることができないように、悲しみや苦しみもまた、人の心や誇りを、本当の意味で傷つけることはできないのではないだろうか。

悲しんでも、苦しんでも、人の心の中心にあるものはどっしりと大きく、ゆるぎない。誰もが自分の中に、山のように動かし難いものを持っている。雲に隠されているときでも、山は確かにそこにあるのだ。

# 鯨呑海水《げいかいすいをのみつくして》

# 露出珊瑚枝《さんごのえだをろしゅつす》

クジラが海水を飲み尽くして、海底から珊瑚の枝が姿を現す。迷いがすべて取り払われたところに、美しい真実の姿が現れる、の意。

実にスケールの大きい、威勢のいい言葉だ。クジラが海水を飲み尽くす、というそのイメージが大胆で、胸がすくような突き抜けるエネルギーを感じる。この言葉を読んだとき、あるエピソードを思い出した。

　アメリカでは知らない人のいない「吉田ソース」の創業者で大実業家の吉田氏には、かつてビジネスがうまくいかなくなり、酒に溺れた時期があった。その日も正体なく飲みつぶれて、ガレージにへたり込んでいたところ、アメリカ人である奥さんが、何かを手に持って近づいてきた。吉田氏は、たぶん怒った奥さんにフライパンか何かで殴られるのだろう、と思った。しかし、なんと、奥さんが手にしていたのは、ウイスキーの瓶だった。もっと飲みなさい、飲みたいだけ飲んだら、安いアパートを探しに行きましょう、と彼女は言った。吉田氏はそれを聞いて、われに返った。

　いくらクジラでも、海の水を飲み尽くすなんて不可能だ。それでも、飲み尽くすまで飲む。昨今は「ポジティブ」流行りで、私たちは悩みや苦しみに出会うと、そこからできるだけ早く脱出しようとする。しかし本当は、嘆きに浸りきり、苦しみに溺れ抜ける人のほうが、美しい珊瑚に近いところにいるのかもしれない。

# 引得黄鶯下柳條《こうおうをひきえてりゅうじょうにくだらしむ》

絵に描かれた花の美しさに惹かれて、鶯が柳の枝から下りてくる。

あるものの似姿を写しとりたい、という願望が、人間の心にはある。物心つくかつかないかのころから、誰が教えたわけでもないのに壁や地面に落書きをはじめる。よく似た似顔絵をみると感動し、芸人のモノマネが本物に似ていると言っては喜ぶ。
仏教の寺院や仏像、さまざまな儀式などもまた、仏法という目に見えないものをかたちに写しとったものなのかもしれない。でもそれはあくまで「似姿」であって、人の心を動かす手段とはなっても、その実体はべつのところにある。実体があってはじめて、似姿が人の心を底のほうから揺さぶる。

造花と、生花の違いは決定的だ。でも、その決定的なはずの違いが、忘れ去られてしまうことがある。化粧をした顔のほうが美しく見えるのは、どういうことなのだろう。詐欺まがいの商売に騙されてしまうのはどうしてなのだろう。偽物はこの世界の至るところに待ち構えていて、私たちの心に風穴を開ける。偽物は私たちに塩水をどんどん飲ませる。偽物は私たちに「満たされている」と思い込ませて、本当の満足を盗み出してしまうのだ。

# 好雪《こうせつ》　片々不落別処《へんぺんべっしょにおちず》

見事な雪だ。ひとひらひとひら、まちがったところには落ちない。

私は少女時代、雪国に何年か住んでいた。だから、この言葉を読んで、あの雪の降る様子をあざやかに思い出した。ランダムに、バラバラに、思い思いに降り落ちてくるように見える雪だが、降り終えてその積もった様子を見ると、ぴたりと狂いのない平らな雪原となる。どんなに風の強い日でも、地面の起伏だけに沿った、偏りのない平面に降り積もる。自らの重みと風の流れに沿って落ちているだけなのに、落ちるべきところに落ちていっているのだ。

進路や職業選択、恋愛など、誰もがその人生の中で、いくつもの「分岐点」を経験する。「自分は今、岐路に立っている」と感じる。そこで、何を選ぶべきか迷う。そういうとき、人は「自分の未来は、自分の意志や思考で決められる」と考えている。そして、後になって「あのとき、べつの道を選んでいれば！」と後悔することもある。

でも、本当にそうなのだろうか。私たちはたぶん、雪のひとひらひとひらのように、自分の重みと風の流れに沿って、自然にあるべきところにたどりついているのではないだろうか。自分の意志で選んだようであっても、それは、自分がそう信じているだけなのではないだろうか。何か物事がうまくいくときは、自分のことなのにまるで人事のようにとんとん拍子にことが進むんです、と以前、語った人がいた。どんな障害があっても、それは問題にならないんです、と。

# 不入虎穴《こけつにいらずんば》　争得虎子《いかでかこしをえん》

虎穴に入らずんば虎児を得ず、とも言う。虎の穴に入らなければ虎の子は手に入らない。危険を冒さなければ大きな成功はおさめられない、の意。

なぜこの言葉が「禅語」なのだろう。禅の修行に「危険」があるのだろうか。

一四歳前後の子供たちの自殺がしばしば、報じられる。大人である私たちはそれを聴いて「そんなに幼い子供が、なぜ？」と首をかしげるが、実は、心理学的には、これはあり得べきことなのだという。

一四歳前後というのは、幼い子供から少年少女へと変化を遂げる、いわば節目にあたる。その段階で、子供たちは「子供」として一つの完成された境地にたどりつくのだそうだ。これは、ある種の「老成」のようなもので、世界の本質的な無常に気づいて、静かに絶望してしまうような状態なのだという。この状態はとても純粋で、ゆえに、脆い。

大きく変化を遂げる分岐点というのは、その人にとって、非常に危険なのだ。その橋を越えることに失敗するかもしれないからだ。禅は、人間に「根本から変化せよ」と迫る。このことは大変危険なことなのだ。過去に培った防具を脱ぎ捨て、新たな道着を身につけるまで、自分を守るためのものを何も持たない状態になるからだ。

日常生活でもそうで、人は本当に変わろうとするときいつも、断崖の上を歩く危険を冒す。断崖から落ちて、這い上がれなくなる人もいる。それでもそこを乗り切った人は、得難い力を手に入れる。強く美しい人ほど、そんな恐ろしい危険をいくつも乗り越えてきているのだろうと思う。

# 古木倚寒巌《こぼくのかんがんによる》
# 三冬無暖気《さんとうだんきなし》

あるお婆さんが、ひとりの修行僧の世話をしていた。庵を建てて、食事や住まいの面倒を見、二〇年間も尽くし続けた。ある日、お婆さんは手伝いの一六、七になる若い娘に「給仕に行ったときに僧に抱きついてみよ」と言い含めた。娘は言われたとおりに僧に抱きつき、「このようなときはいかがですか」と尋ねると、僧は応えた。「古木が冷たい岩に寄り添うようなもので、真冬のようにあたたかさは一切ない」。娘がお婆さんに僧の言葉を伝えると、お婆さんは「私はこんな俗物を二〇年も供養してきたのか！」と怒り狂い、僧を追い出して庵を焼いてしまった。

悟りをひらいた高僧の姿を思い浮かべると、どんな欲も感情も動かさない人、というものを想像してしまう。おそらくこの修行僧もそれを目指していたのだろう。私たちは非常にしばしば、拒否してはねつけるか、肯んじて流されるか、の二者択一に陥る。この修行僧もまた、そんな「イエスかノーか」の俗なる世界に縛られていたのだ。

禅語の風景にはほんとうにしばしば、動きあるものと動かぬものが出てくる。そしてその両者は、抜き差しならない生き生きとした、魅力ある景色をつくり上げる。清風と明月、青山と白雲、竹の間を流れる水。風や水や雲を拒否するのではなく、あくまで自然に受け止めていながら、かつ月や山、竹のように、決して流されないのが、禅の目指している境地なのだろう。

# 歳々年々《さいさいねんねん》　人不同《ひとおなじからず》

時々《じじ》刻々と、人は変化していく。

人の体は約六〇兆個ほどの細胞でできているらしい。この六〇兆個の細胞は、五、六年ですべて新しいものに入れ替わってしまう、といわれている。つまり、「私」と呼んでいるこの個体としての私は、五年前の私とはまったく違う私だ。赤ん坊のときの自分と今の自分の姿は、似てもにつかない。

人はしばしば、自分は変化せず、周囲だけが変わっていくように感じる。周囲の変化から影響を受け、やむを得ず自分が変わることがある、と感じている。でも、実際はそうではない。時々刻々と自分は変化している。

私たちは、何か欠点を指摘されても、どうしてもそれを認められないことがある。今を変えることが難しいというより、「今までの自分」を否定することができないからだ。それがどうにも苦しく、恥ずかしいので、今の自分を変えることができない。過去の過ちを認められず、人を傷つけ続ける人もいる。人は「過去の自分」ととても強い心理的紐帯で結びつけられている。いつまで経っても、歴史認識の相違による議論や対立は世界からなくならない。けれども、その「歴史」の中の人々を形成していた「細胞」は、現在一個たりとも存在しないのだ。

# 細嚼難飢《さいしゃくすればうえがたし》

よく噛んで食べれば、飢えることはない。

「よく噛んで食べなさい」とは、誰もが子供の頃、一度は大人に言われることだろう。禅宗では、生活のすべてを修行と見なす。そのため、衣食住に関する禅語は多い。

「咀嚼する」とは、食べものを噛む以外に、教えられたことをよく噛みしめる、という意味でも用いられる。誰かの言ったことをよくよく噛みしめて、何度もくり返して味わうとき、その真意が心に了解される。よく噛み砕けば、食べたものはくまなく滋養となる。しかし、よく噛まずに飲み込んでしまうと、十分に消化されずに体の外に出てしまう。完全には自分の中に取り込めず、栄養を取り切ることができない。

教えや書物などもそうで、くり返しくり返し噛んで味わうことで、その細部に至るまで、心にしみこませることができる。ちゃんと「自分のもの」にできる。読書百遍、理自ずから通ず(同じ本を一〇〇回くり返し読めば、著者の言いたいことは自然とわかる)、という言葉もある。よくわからなくても一〇〇回繰り返して読めば、その内容は頭ではなく、体にしみこむように伝わってくる、ということなのだろう。読む対象であった言葉が、自分の内なる言葉に変わる。何かをくり返すことは、決して徒労ではないのだ。

# 山前檀越家《さんぜんなんのつのいえで》
# 作一頭水牯牛去《いっとうのすいこぎゅうとなりさる》

南泉和尚が「悟りをひらいた人は、どこへ行きますか」と尋ねられて、応えた。「門前の庄屋の家で、一頭の水牛となって、檀家のために働くだろう」

禅は、禅者が自ら禅を組み、自らの悟りをひらくのだから、修行者が自らの悟りを目指す小乗仏教かと思っていた。だが実はそうではなく、生きとし生けるすべてのものを救おうとする、大乗仏教なのだった。従って、禅者が悟りをひらいたらどこにいくのか、と問われれば、もちろん、一切衆生、つまり、まだ救われていない、苦しんでいる人々のもとにいって自らを省みず彼らのために働こう、というのが、この応えの真意だ。

正しくて立派だけれども何となく心に響かない話、というのがある。私たちはおそらく、自分のそばまで来て、自分と同じ景色を見ながら、自分たちの言葉で話しかけられるのでないかぎり、心を動かしたり自分を変えたりすることはできないのだろう。

人のためにだまって働く牛の姿から、われわれは何を感じ取れるのだろう。痴呆や精神疾患を抱えた人が「心の動き」を失ったとき、犬や猫とふれあうことで笑顔を取り戻すことがある、と何かで読んだ。悟りすました賢者の有り難い説教より、無邪気な犬の愛情のほうが人の心を生き返らせる力を持つのは、ごく自然なことのようにも思える。

# 色即是空《しきそくぜくう》　空即是色《くうそくぜしき》

「色」は、物質や物理現象のこと。私たちが五感を通して感知できるすべてのものを指す。「空」は「無い」のではなく、時間軸の中で生起しては消滅する関係性、というほどの意味。すべてのものは、実体・存在ではなく、関係・現象である、の意。

もともとは単細胞生物であった「細胞」が、寄り添って関わり合った結果、私たちのように大きなひとまとまりの生き物ができあがっている。私たちは自分を「ひとつの個体」と感じているけれど、実際はこれは、細胞同士のふわりとしたネットワークであり、ある関係性の一時的な集積に過ぎないのだ。

「空」という概念はしばしば「何もない」というふうに訳さ

れているけれど、そうではない。「色」、すなわち五感で感得できる物質世界というものは、どうしようもなく「ある」。ただ、それらは、私たちが感じているほど、分割不能な実体ではない、ということなのだ。

すべてが変容し続け、動き続けている。固いコップも、原子核とそのまわりをくるくる回る電子が結合してできている。水は流れ、花は咲いては枯れ、時間軸の中ですべては、絶え間なく流動し続けている。「かたちあるもの」という言い方があるが、私たちに「かたち」と見えているものは一瞬の偶然の中に成り立ったあるつながりの結果でしかない。そしてそのつながりはいつか解消されて、またべつのつながりに向かって流れゆく。

そのような、すべてが動き続け流れ続けていく、という世界を、私たちはなかなか受け止められない。変化や喪失をどうにか避けたい、「かたち」を留めたいと願い、苦しむ。

禅が目指しているのは、「かたち」の世界から「動き」の世界に移動することなのだろうと思う。そうすれば、苦しみは終わるからだ。

# 見色明心

しきをみてしんをあきらむ

かたちあるものを見て、悟りをひらく。

これは、とても不思議な言葉だが、こうしてたくさんの禅語を見ていると、なるほどと思わされる。「色」は「色即是空」のページで書いたように、物質・物理世界のことをいう。これは確かにそこにある実体のように見えて、実は時空の中に瞬間的に生起しているだけの関係であり現象にすぎない。これを「空」という。

しかし、この「空」を悟り、一切の形にこだわることをやめるために、禅者は「色を見る」というのだ。草花を見、山水を見、行き交う人々の姿を見るのだ。

思うに、私たちは、五感を通してしか世界をとらえることができない。目で見て、手で触れて、耳で聞いて、匂いを嗅いで、舌で味わって、そこから、世界を感知している。仏教は、そんな、感覚できる世界の向こうに、もうひとつの世界があるのだ、と説いているが、私たちはまるでこの五感の世界にとらわれて、それを直接感じ取ることはできない。五感の世界という闇に包まれているようだ。しかし、その闇に目をこらしながら進むとき、何かにふと、触れる。

長野の善光寺に「お戒壇めぐり」というものがある。完全な闇の回廊があって、これを歩いていき、暗闇の中に大きな錠前を探り当てるのだ。闇と知りながら見つめ続けるとき、そこに向こう側への扉が見つかる。

この言葉は、あの暗闇をゆく不思議な感覚を思い出させる。

# 獅子教兒《ししはじにおしう》迷子訣《めいしのけつ》

獅子は自分の子を教えるとき、わざと子供が迷うようなことを言う。すぐれた師は、弟子を導くとき、時に大疑を起こさせるようなことを言う。

学ぶということは、ひとつの経験だ。自分の代わりに誰かにトイレに行ってもらうことができないのと同じだ。ただ単純に正しい知識を教えてもらう、というやりかたは、目隠しをしてゴールまで運んでもらうようなもので、何も身につかないし、何の意味もない。正しいことしか言わない先生や、すべてを知っている先生のもとでは、あらゆることを教えてもらえるかもしれないが、何ひとつ学ぶことはできない。一方、生徒に何か聞かれたとき「私にもわからない」と真剣に言う先生のもとでなら、生徒は全力で考え、自らの足でゴールに至ることができる。

心理学者・河合隼雄さんの本に、カウンセラーの仕事について書かれていた。それによれば、カウンセリングの場で、カウンセラーはクライアントの状態について「見立て」を行う。この人はこういう状態で、こんなふうに治っていくだろうな、と見立てる。しかし、「こう治りますよ」とは、言わない。さらに、見立て通りにことが進むように誘導することもない。ただ、深い関心を持って相手の話を聞き、見守るだけだ。

不安定に迷いながら歩いている人を見守るのは、とても難しい。つい、口出しや手出しをしたくなる。相手にたっぷりと時間を与え、自分の時間を「見守る」ことに費やす指導は至難の業だが、もっとも力強い指導なのだろう。

# 主人公《しゅじんこう》

「本来の自分」「自己の本来の面目」を意味する言葉。

「本来の自分」と言われても、それがどういう手触りのものなのか、具体的に自覚するのは難しい。禅の世界では、しかし、それに「目覚めよ」という言い方をする。「自己の主人公に目覚めよ」という言い方をする。これはどういうことなのだろう。

つらつら考えていくうち、二代目の会社経営者の姿を想像した。二代目だから、自分が一から会社をつくったわけではない。途中から、すでにあるものとして会社を引き継ぎ、経営に乗り出すけれども、最初はおそらく、会社経営とか社長業については何もわかっていない。だから周囲に「もっと社長としての自覚を持ってもらわないと！」などと言われたりする。

社長としての自覚、ということと、自己の主人公を自覚する、ということは、何だかよく似ている。会社経営は世の中の景気や動向、社員の動向などに左右されていて、社長ひとりのものではないし、意のままになるわけではない。しかし、どうしても会社の中心にあるのが社長である。たとえば、彼が本当に会社をたたむ気になれば、たためるのだ。同じように、世の中の流れにもまれて生きる私たちひとりひとりもまた、さまざまな外部の条件に流されているように見えて、結局のところ、自分が自分の中心にあってそれを取り仕切っている。

別ページに「宇宙無双日　乾坤只一人（宇宙に双日なく、乾坤ただ一人）」について書いた。乾坤、すなわち天地の間に自分がただひとりある光景を、この「主人公」という言葉がまっすぐな一本の柱のように貫いている。

天地の間にただひとり歩いていて寂しくも頼りなくもないのは、つまり、自分の主人公に目覚めているからなのだ。

# 春色無高下《しゅんしょくにこうげなく》
# 花枝自短長《かしにおのずからたんちょうあり》

春の色の美しさに上下の区別はないが、花枝にはそれぞれ違いがあり、短いものもあれば長いものもある。

私たちは、自分と他人を比べて、その差を云々し、常に優劣や上下を見極めようとしてしまう。美しさ、才能、知性、財産、友人の多さや家名など、あらゆる「差」で自分を強化したり、あるいは、劣等感に縛られたりする。誰もがほんの幼いときからそれをやる。「これはいっしょ」「これは違う」と言う。同じであれば親近感を抱き、仲間として認める。違っていれば、自分に怒りや恥を感じたり、相手をいじめて排除したりする。

最近は、人と自分の違いを「個性」と呼んで強調するような教育が支持されているらしい。ただ、自分と人との差を言っていることにおいては、「差別」も「個性」もどこか、似てはいないだろうか。

花がそれぞれに輝かせている「春の色」という本質には、差異がない。花の枝が長かろうと短かろうと、春の色の輝かしさには違いがない。この「違いがない」ことの価値には、なかなか気づかない。

人は、それぞれの個体が驚くほど似ているけれど、完全に一致する個体はひとつもない。これは、サルや馬などの群れを思い浮かべるとよくわかる。サルはサル同士、馬は馬同士、とてもよく似ているが、完全に一致する個体はひとつもない。私たちは、お互いにとてもよく似ていて、でも、絶対に完全一致することはない。

# 浄裸裸《じょうらら》赤灑灑《しゃくしゃしゃ》

きれいさっぱり、洗い流したように何もない、の意。

禅では「放下」ということを説く。心にゴチャゴチャと持っているものをすべて放り出して、手放してしまえ、ということだ。そうすれば、清々として本来の心のままに生きられる、と説く。

しかし、そんな境地に到るのは大変難しい。どうしても、私たちには「大切なもの」がある。愛着し、執着し、不足を感じたり喪失したりすると、嘆き続けてしまう。心にかたく握りしめて手放さない。

心理学者のフロムは、人は自他を「いかにたくさん持っているか（have）」で評価しようとするが、本当に重要なのは「どうあるか（be）」なのだ、と言った。才能や美貌、肩書きや財産、愛や賞賛など、人は自分が持っているもので自分を量り、充足しようとする。自分よりそれらをたくさん持っている人を見て羨み、自分は不足しているといって苦しむ。でも、大切なのは、そんな「持っているもの」をすべて捨てたときに、剥身《むきみ》の人間としてどうあるか、ということなのだろう。この「浄裸裸赤灑灑」という言葉は、その様をあかあかと表現している。

すべて余計なものを洗い流してしまったとき、そこにあるもの。誰かと接するときは常にそれに触れたいと願うし、自分もまた、その姿でこの世と関われるのでなければ、生きていることはいかにも空疎だ。

# 不知《しらず》最親切《もっともしんせつなり》

法眼和尚が行脚の旅の途中、地蔵和尚に「どこに行脚に行くつもりか」と問われて「ただぶらぶらと行きます」と応えた。「行脚の心はどうか」と問われるとさらに「知りません」と応えた。地蔵和尚はこれを受けて「知らないのは、最も道に親しく切（ねんごろ）なり」と応えた。

親切、という言葉はとても一般的だ。

これが「道にしたしくねんごろである」という意味だとはまったく知らなかった。

道、つまり仏の道に近いことをするのを「親切」というのだ。

親切にする、ということは、相手のために何かをするというよりは、自分が「道」に近づくための、自分が自分のために何かをする、ということなのだ。

# 心無罣礙《しんむけいげ》　無罣礙故《むけいげこ》

「罣」は妨げる、ひっかける、阻む。「礙」も、妨げる、邪魔をする、という意味の字。心の本来のあり方を邪魔するものは何もない、の意。

般若心経の中の言葉。「心にかかる」という表現はとてもリアリティがある。「礙」という文字は、大きな石の前で人が先に進めずにこまっている様子からきている。大岩に道をふさがれて当惑するように、私たちも日々、いろいろな心配や不安、悲しみや苦しみに、「心の動き」を邪魔されているような気がする。

もし、「心の動き」を邪魔するものが一切なかったとしたら、どんな心持ちなのだろう、と想像してみた。すると、この言葉の後のほう、「無罣礙故」のほうが、新しい意味を持って見えてきた。要するに、心の本来の動きを妨げるようなものは、何もないのだ。何もないのに、どうして何かに邪魔されているような気がするのだろう。自分の心の動きを邪魔するものは、外から来るのではなく、内側に湧くのだ。

本来の人の心の姿は、丸い月のように欠けるところがなく、真っ白に光り輝いている、と多くの禅語がうたっている。月は満ち欠けしても、地平線に没しても、本来の姿を損なわれることはなく、泥に汚れることもない。恬然として、絶対に傷つかない。

私たちの心が自由に解放されず、何かに押しひしがれて身動きできなくなってしまうのは、空の青さを雲が隠すような現象なのだ。どんなに雲が厚く低く降りていても、その向こうには晴れ渡る空があり、まったき月が光り輝いている。

# 青山元不動《せいざんもとふどう》
# 白雲自去来《はくうんみずからきょらいす》

青々とした山はどっしりとして動かず、白い雲はその周りを自然に動き、その風景を変えていく。

この言葉は、葛飾北斎の冨嶽三十六景を彷彿とさせる。いろいろな角度から描かれた富士山は、そこにあってじっと動かない。それを取り巻く人々や海や野や川や道が、おどろくほどゆたかな風景を生み出している。

悟りを得た禅者、というと、どうも、どんなことにも心を動かさない、つまらない人、というイメージがわいてくる。これは、「何も辛いことがなくみんな仲良しで永遠に幸せな天国」のイメージに似て、のっぺりとして生気がない。何があっても泰然自若として心を動かさずにいられるのは、確かに、何の苦しみも迷いもない、すばらしい境地だろう。しかしそれは、富士山「だけ」の世界のように、生命力を失った世界だ。

富士山に朝日が当たり、雲がわき、雪が積もり、月が照る。そのたびごとに、富士山はさまざまな表情を見せる。どっしりと変わらずにそこにありながら、刻々と変化を遂げている。禅語の世界において、人が持っている本来の心がしばしば月や鏡にたとえられるように、その心のかたちは不変でありながらも、変化をとらえ、敏感かつ精妙に、刻々と表情を変え続けるのだ。

富士山は実にシンプルなかたちをしている。このシンプルな山が古今の人々の心をとらえて放さないのは、純粋でどっしりした不動のかたちの上に、ゆたかな表情を浮かべ、変化し続けるからなのだろう。

# 清風拂明月《せいふうめいげつをはらい》
# 明月拂清風《めいげつせいふうをはらう》

清らかな風が明月をはらい清め、白く輝く明月の光が風をはらい清めている。

月は天空の存在で、風は地上のものだ。月は、人の中にある仏性、心の心のあり方になぞらえられる。一方、風は時々刻々と変化するもので、「色即是空」の世界で言えば「色」のほうに属する。だけれどもこの言葉の中では、風と月が互いに呼応

郵便はがき

料金受取人払郵便

豊島局承認

2232

差出有効期間
2024年4月30日
まで

1708780

052

東京都豊島区南大塚2-32-4
**パイ インターナショナル 行**

## 追加書籍をご注文の場合は以下にご記入ください

●小社書籍のご注文は、下記の注文欄をご利用下さい。**宅配便の代引**にてお届けします。代引手数料と送料は、ご注文合計金額(税抜)が5,000円以上の場合は無料、同未満の場合は代引手数料300円(税抜)、送料600円(税抜・全国一律)。乱丁・落丁以外のご返品はお受けしかねますのでご了承ください。

注文書

| ご注文書籍名 | 冊数 | お支払額 |
|---|---|---|
| | 冊 | 円 |
| | 冊 | 円 |
| | 冊 | 円 |
| | 冊 | 円 |

●**お届け先は裏面に**ご記載ください。
(発送日、品切れ商品のご連絡をいたしますので、必ずお電話番号をご記入ください。)

●電話やFAX、小社WEBサイトでもご注文を承ります。
**https://www.pie.co.jp　TEL:03-3944-3981　FAX:03-5395-4830**

ご購入いただいた本のタイトル　　　ご記入日：　　年　　月　　日

●普段どのような媒体をご覧になっていますか？（雑誌名等、具体的に）

雑誌（　　　　　　　　　　　　）WEBサイト（　　　　　　　　　　　　）

●この本についてのご意見・ご感想をお聞かせください。

●今後、小社より出版をご希望の企画・テーマがございましたら、ぜひお聞かせください。

| | | |
|---|---|---|
| お客様のご感想を新聞等の広告媒体や、小社Facebook・Twitterに匿名で紹介させていただく場合がございます。不可の場合のみ「いいえ」に○を付けて下さい。　いいえ | | |
| 性別　男・女 | 年齢　　歳 | ご職業 |
| フリガナ<br>お名前 | | |
| ご住所（〒　　—　　）　TEL | | |
| e-mail<br>PIEメルマガをご希望の場合は「はい」に○を付けて下さい。　はい | | |

ご記入ありがとうございました。お送りいただいた愛読者カードはアフターサービス・新刊案内・マーケティング資料・今後の企画の参考とさせていただき、それ以外の目的では使用いたしません。
読者カードをお送りいただいた方の中から抽選で粗品をさしあげます。

4135 新禅語

し合い、眼が痛くなるほどの銀色に冴える月光と、混じりけのないさわやかな空気とが、澄み渡った光景を織りなしている。

「禅語遊心」という玄侑宗久さんの本に、こんなエピソードが紹介されている。ある老師が、晩年、病床についたとき、若いお嬢さんを伴ってお見舞いに訪れた人がいた。老師は布団の上に座って二人を迎えたが、ふと、お嬢さんを「こっちにおいで」と手招きした。彼女がすぐそばまで来ると、老師はついとその頬に触れた。そして「気持ちいいなあ」と呟かれたという。

老師の心が明月で、無心に触らせていたお嬢さんが清風で。そんなふうに重ねてみると、いかにも生き生きと冴えた邂逅だという気がする。

# 隻手音声《せきしゅのおんじょう》

「両手を打ち合わせれば音がするが、片手の音はどうか」という問い。白隠和尚のとても有名な公案。

公案は「禅問答」、すなわち、禅宗においてなされる対話、問答を言う。禅問答は不可解だったり矛盾していたりして、問いかけられた側は悩みに悩まねばならない。

この公案には、「音なき音がする」「打ち合わせたとき音が鳴るのは、片手が潜在的に無音の音を持っているからだ」などとの回答がなされるらしい。

私もこの言葉を読んで、ひとしきり考えてみた。まず、一度、パンと両手を打ってみた。そのあと、片手をじっと見てみたけれど、よくわからない。音なき音、という答えの真の意味は、禅を組んだこともない私にわかるわけもない。

だがひとつ、思いついたことがあった。それは、打ち合わせた手は、何をするでもない、ということだ。

要するに、手は、もう一方の手と打ち合わせるためのものではなくて、何かをするためのものなのだ。だから、かしこまって椅子に座っているときでもなければ、右手と左手を触れあわせつづけることはない。いつも何か掴んだり、持ったり、捕まったり、操作したりしている。そしてそこには、かたかた、かさかさと、小さな音がいつも鳴っている。言ってみれば一日中、両手がそれぞれ片手のままに音を立てている。キーボードを叩いている今もそうだ。

たぶんこんな回答はまったく的外れなのだろうと思うけれど、私は今この瞬間、まさに隻手の音声を聴きながら自分の仕事をしている。

# 雪後始知松柏操《せつごにはじめてしるしょうはくのみさお》

# 事難方見丈夫心《ことかたくしてまさにみるじょうぶのこころ》

柏や松が緑のまま姿を変えなかったことは、冬が過ぎて雪が溶けてみてはじめてわかる。難事にあたったとき、はじめてその人の強さが見えてくる。ここで言う柏は、柏槙《びゃくしん》といい、ヒノキの一種のこと。従って「松柏」は常緑樹を意味する。

人の強さや優しさは、人の弱さや醜さより、ずっとわかりにくい。悪いところは誰もが隠そうとするのにすぐ見えてしまう。

でも、粘り強さや変わらない心は、なかなか見い出すことができない。長い冬の間、雪に閉ざされて見えなかった松の濃い緑が、春になってやおらその姿を現してはじめて、松の緑がじっと冬に耐えていたことがわかる。

それと同じように、人の節操のかたさや心の強さは、長い時間の末にやっと、周囲に理解される。耐えている最中は、誰にも気づかれない。厳しく冷たい環境の中で、生き生きとした真心を保ち続けるのは容易なことではない。

松が緑であり続けるのは、誰かにそう命令されたり強制されたりしたからではない。あくまで自分の意志であり、決意だ。自然の猛威の中で姿を変えないものに禅者が心を打たれるのは、それが自ら意志しているように見えるからなのだろう。松は松の意志で、冷たい雪の中にかたくなに緑を保つ。人の心にもそんな強さが秘められていて、すべてが変転していく無常の世界に、きらきらと輝いて見えることがある。

# 雪月花《せつげっか》

「琴詩酒、友は皆我をなげうつ　雪月花の時　最も君を思う」

雪・月・花の美しいときには、ともに詩を詠じた君のことを思い出す、という、白楽天が旧友に贈った詩の一節。


雪は冬に降り、春にはあとかたもなく解ける。月は満ちては欠け、花も一瞬のさかりを過ぎれば散りはてる。雪や月や花の美しさは、時間の中でその姿を刻々と変えていく。

それがないときには追い求め、手に入ると失うことを怖れ、失われれば嘆き、というふうに、私たちはいつも、時間の移りゆくのを苦痛に置きかえて生きているようなところがある。愛しいもの、友と過ごすかけがえのないひととき、美しさや愛情も、時間の流れの中でうつろいゆく。人はその変化を怖れ、変化に苦しみながら生きている。

ひとつの春、ひとつの冬というスケールでは確かに、それらの美は一瞬で消えてしまう。でも、もっと長い時間をとらえると、花は毎春、雪は毎冬、途絶えることなく訪れる。それが失われることを怖れて苦しむのではなく、それが今目の前にあることだけを心から楽しめたらどんなにいいだろう、と思う。

目の前から大切なものが失われたとしても、それは永久に失われたのではなく、春の花のように、冬の雪のように、また時間の流れの中で、巡りあえるいのちのようなもの、なのかもしれない。

# 施無畏《せむい》

お布施は三つある。ひとつは「財施」で、金品を施す布施。もうひとつは師が弟子に教えを与える「法施」。三つめが、畏れなき心を与える「無畏施」である。何かを恐れている人に「恐れなくても良い」といって安堵を与える布施を意味する。

仏像の、片手をあげて手のひらを前に向けるポーズ。あの形を「無畏施印」という。人々の恐れをなだめようとする印だ。何かを恐れている人は、目をつぶり、耳を塞いで、身を小さく縮める。そのような状態では、いくらありがたい教えを垂れても、何も耳に入らない。まず、恐れを取り除くことをしなければ、何もはじまらない。

災害があったとき、被災した人々は互いに、恐ろしさや悩みを語り合う。それで現実的に何かが解決するわけではないけれど、語り合って思いを共有することで、恐怖が和らぐ。

ひとりきりで過ごす夜、テレビをつけるのは、退屈を紛らわすためだけではない。「その番組を自分と同じように見ている遠くの誰か」を感じるためにに見ているところがある。自分以外の誰かも見ている、その人たちと同じ時間を過ごしている。その感触で、夜の闇に突き抜けるような不安を、わずかに軽くすることができる。

夜の闇、いつ来るかわからない災害、知り得ない未来、人の心の変化。私たちは絶えず何かに怯え、恐れている。恐れているときは目をぎゅっとつぶり、耳を押さえ、外界と自分を切断してしまう。恐れる人は孤立していて、孤独なのだ。

深夜の電話、友達の声は、その恐ろしさを救う。外国で道に迷ったとき、偶然、同国人に出くわせば、心が震えるような安堵感を味わう。安心すると、いろいろなものが目に入ってくる。人の話が理解できるし、自分で考えることも、味わい楽しむこともできるようになる。

私たちは誰でも、ほかの誰かを安心させてあげることができる。施無畏、は、お金を持っていなくても、高い知識を持っていなくても、誰もができるすばらしいお布施だ。

# 洗心《せんしん》

易経の言葉。古代社会において、国家の意志決定に携わる易者は「聖人」であった。この聖人が天に社会の大事を問うにあたり、「占いをもって心を洗い、精密な天道の意志に身を任せるべきだ」と説いている。

寺院や神社に置かれている手水鉢に、よく「洗心」と書かれている。「心を洗う」というと、心に溜まった疲労や小さな悪を洗い流し、清らかで善なる心になる、というイメージがわく。でも、この言葉はもともとはそうではなく、「神様の言葉を聞くのに邪魔になるようなことを、心から洗い流してしまおう」ということなのだ。つまり、予見や期待、固定観念などを洗い流すのだ。強い期待があると、現実に幻滅する。固定観念が強いと、現実を「そんなはずはない」と受け止められないことがある。「洗心」は、そのような、現実に起こったことを「受け入れられない！」と思ってしまう気持ちを洗い流そう、という意味なのだ。

だれもが、神仏に「願いが叶いますように」と祈りたい。なのに、祈りを捧げる前に手を洗おうとすると、この「洗心」が目に入る。願いをかけるということは、期待するということだ。期待したこと以外のことが起これば、それは人を失望させる。その失望から人を救おうとするのが「洗心」の言葉だ。起こったことをそのままに受け止める自由な心を持てば、未来は怖くない。怖れずに迎え入れた未来は、とても純粋な姿をしている。

# 浅水無魚《せんすいうおなくして》　徒労下釣《いたずらにかちょうをろうす》

魚がいない浅い流れに釣り糸を垂れても、魚は釣れない。徒労だ。

書物の中に、自分がかねて漠然と思っていたことがあざやかな言葉で言い表されていたとき、深い感動を覚える。読書に限らず、芸術を鑑賞したり、何らかの出来事に心動かされたりするとき、人はその対象の中に、自分の分身を探し当てているのだろう。

何かを教えてもらうときにも、自分の中に既にあるものと結びついたときだけ、確かな「知」となる。自力で悩み抜いている人には、ごくさりげないアドバイスが劇的に効力を発揮する。

一方、悩みや苦しみから早く抜け出す方法を探しているだけの心には、どんなすばらしい教えも、笊に水を通すように流れ去ってとどまらない。

自分にとって意味のある知は、どこか外の世界にあるのではなく、常に自分の内側に生まれる魚だ。アドバイスや教えは、その魚を釣り上げるための釣り糸のようなものでしかない。光を当てられたときに水底に魚を見い出すためには、まず魚を養わなければならない。愛情や人間関係においても、このことはあてはまると思う。

愛されたい、必要とされたい、という願いは、何もない流れにせわしなく釣り糸を動かすのに似ているのだろう。自らの内なる魚を見失っているうちは、むなしく針がただようだけなのだろう。

# 草衣心似月

そうえのこころはつきににたり

草を編んでつくったような粗末な衣をまとっている、その心は月のように澄んでいる、の意。

月は日々、かたちを変えていくが、毎月ハッキリと、その真の姿が円満であることを示してくれる。

人の心も日々、さまざまに変化するけれど、もともと具わっている「仏性」は変化しない。そのことと、月の姿は、よく重なる。そのためか、禅語にはしばしば、月が出てくる。

「草衣」は粗末な衣のことだが、その逆は、当然、錦や絹などの豪華な衣、ということになる。宗派にもよるだろうが、法事などの際に眼にする僧衣は、非常に華やかで立派に見える。

僧としての階級が上になればなるほど、立派な衣装を身につけるようになる。つまり、「衣」は、その僧の、組織上の階級を表すのだ。「衣」は、肩書きであり、僧としての尊さのしるしになっているわけだ。

すばらしい衣装や肩書きは、多くの人がそれを欲しがる。でも、それらを得た人は、それを失うことを恐れるし、自分以上のものを持っている人と自分を比べて、劣等感に苦しんだりすることもある。すばらしい衣を着ている人の心は、常に何かが欠乏した状態になっていて、喪失という変化を怖れ、同じ状態にしがみつこうとする。

一方、草衣をまとっている人は、何も失うものがない。だから、時間の流れの中で自分の心を自然に変化に任せることができるし、変化に任せていても、その真の姿はまんまるに澄んでいて、決して欠けることがない。

# 竹密《たけみつ》にして

# 流水《りゅうすい》の過《す》ぐるを妨《さまた》げず

竹はどんなに密生しても、その下を流れる水を妨げることはない、の意。

密生する竹の間をさらさらと流れていくきれいな水。その様子を思い浮かべるとき、自分の日々の苦しみや不安が、あたかも、笊に水を溜めようとする行為のように思える。

流れていくものをそのまま、見送ることができればいいのだが、流れていく、ということを許すことができずに、どうにかしてここに留めておこうとしてしまうのだ。そして留められずに、自分を責めたり、過去を悔いたりする。

「密生する竹」というのは、いかにも人間的な表現だ。竹が密に生えている様子は、「情に棹させば流される」という夏目漱石の一文を連想させる。喜びや怒り、悲しみや楽しさなど、日々わき上がる感情に「棹を差す」のでは、それに流されてしまうけれど、地に根を張る竹は、流されてはしまわないのだ。

無の境地、とか、悟り、とかいう言葉から、私たちはどうも、「何も感じない心」を想像してしまう。でも、おそらく、本当にあるべき心のかたちは、流れの中に密生する竹のように、感情や出来事をちゃんと受け止め、そのうごめきや波立つ泡を感じ取っているのだろう。さらには、根からそのいくばくかを吸い上げさえするのだろう。

たぶん、せき止めたい、という思いにとらわれないなら、もっとその流れを純粋に、清らかなままに感じられるのだろう。流れ去らせることを拒む気持ちが、後悔や罪悪感や人を恨む気持ちに変わる。流れ去ることを許せたとき、感情は本来のかたちに解放される。

きっと、喜びも悲しみも怒りも楽しさも、竹の間を流れる清流のように、本来は清らかで生き生きしたものなんだろうと思うのだ。

# 祇是未在《ただこれみざい》

まだだめだ、の意。白雲和尚がいわく、「幾人かの禅者が訪れた。みんなしっかりと悟っており、公案もよくでき、何もかもちゃんとしているが、まだだめだ」

学生時代の経験だが、勉強は、やればやるほど自信がなくなる。やればやるほど、「まだわからないこと」がたくさん見えてくるからだ。一方、勉強を怠けているときは、「やればできるさ」などと思っている。これは、わからないことがどのくらいあるかわかっていないから思えることなのだ。

社会に出てから、この「まだダメだ」という感じはしばしば味わった。仕事に就き、はじめは一から覚えるので精一杯だが、だんだん仕事が手に馴染んでくると、「これで大丈夫」という気持ちになる。でも、ある日、何かのきっかけで、まだまだ覚えることが無限にある、ということに気づく。あるいは、新しい仕事を任されて、何も知らない自分に戻る。

自分はある程度のものになったぞ、と思えたときにくる、この陥穽のような「まだダメだ」は、可能性の証でもあるのだろう。「まだダメ」なのではなく「もっといける」のだろう。

「まだまだだ」と落ち込む地点まで来たら、「相当できるようになった」という自負を一度、キレイに捨てなければならない。これは年齢を重ねれば重ねるほど、至難の業となる。プライドや体裁が邪魔をするからだ。どこまでいっても「まだダメだ」と思えるようなら、まだいける、ということなのだと思う。

# 他不是吾

たはこれわれにあらず

ひとりの老いた典座（まかないをする人）の僧が苦労して椎茸を干す作業をしているので「なぜ下男にやらせないのか」と問うたら、典座の老僧は「他の人は私ではない（自分以外にやらせたのでは意味がない）」と応えた。

結果さえ出せばよいなら、誰がやっても同じことだ。干し椎茸ができさえすればよいなら、老僧が肉体を無理に強いながらそれをやり続けることはない。だが、彼は「他人は、自分ではない」と応えた。これは、お腹がすいたとき、人に「私の代わりにごはんを食べてください」と頼んでも、自分のお腹はいっこうに満たされないのと同じことだろう。

「こんなことは私じゃないほうがずっと上手くできるだろう」と思いながら仕事をした経験が何度もある。自分でなければできないことなど、この世にはまったくない。誰でも、誰かと取り替えがきく。

しかし、自分自身を中心に考えると、まったく別の景色が見える。自分の代わりに食事してもらうことも、トイレに行ってもらうこともできない。目の前の時間は常に自分自身で生きるしかない。

欲求を満たすことについては、他人に替わってもらうわけにはいかないと、誰でもわかる。しかし、世界に対して働きかけることに関してはどうだろうか。

結果のために生きるなら、人はいくらでも取り替えがきく。しかし、あくまでプロセスを生き切ろうとするなら、それを自分以外の人間がやっても意味はない。

# 獨歩丹霄《たんしょうにどっぽす》

夕焼け空の下をひとりで歩いてゆく。

　夕焼け空は、日々違っていて、何度見ても目を奪われるほど美しい。時々刻々とその色彩を変えていき、やがて、夜の闇に包まれる。夕焼けは、昼の時間と夜の時間のあわいにある。

　この語は、精神が何にもとらわれず自由な状態にあることを表すのに用いられる。その自由のあり方が、「独り歩く」ということであり、さらに、時間の境目にある、ということなのだろうか。

　これから来る暗闇を怖れない心は、星辰を見つめていて、朝焼けを知っているのだろう。私たちも、時に、独り夕焼けの中を歩く自分を見つける。そこでは不思議と、自分の後ろと前に長く延びる過去と未来を感じる。

光と闇の間に「時間」があって、その中を独り歩いている自分の姿を発見する。

# 知足《ちそく》

足るを知る。満足することを知る、の意。

私たちは誰もが欲を持っている。生きていくために欲求が働く。食欲や睡眠欲がなければ死んでしまう。性欲がなければ人間自体が存続していない。人とつながりあっていたいという欲で社会をつくって自らの力を強め、自然の猛威に立ち向かう。生命力の輝きは、欲求から生まれている。

欲はあって当然で、それがなければ人間は生命力の輝きを失って枯れてしまう。でも、どこまで手に入れればその欲がおさまるのか、を知っていなければ、器以上のものを注ぎ込んで破綻してしまう。たとえば、満腹感は、本来、体の中に自然にあるものさしだ。でもこのものさしは、たいへん壊れやすい。ストレスやアルコールなどで、人は「お腹いっぱい」がどういうことなのか、感じられなくなってしまう。あげく、どんどん食べて、不幸を感じるほどに太ることがある。

私たちは、他人と自分を比較して、お金や美貌や才知や肩書きや愛情、その他あらゆるものが「足りない」と嘆く。何かと何かを比べて「足りない」と言い続けるとき、体の中のものさしは無視される。満足、という感覚が体の中から消え去る。望んだものをどんなに手に入れても、その感覚はよみがえらない。よみがえらないために、さらに不足を感じて嘆く。

「これでいっぱい、満足」という臨界点の感覚は、欲求とセットになって私たちを生かそうとする。だが、この臨界点はとても簡単に見失われてしまうのだ。

# 月落不離天《つきおちててんをはなれず》

月は地平線に沈むけれども、それは地面に落ちたわけではなく、変わらず天にある。

「自分の目にどう見えているか」と、「実際は何が起こっているのか」ということのちがいを、私たちはほんの赤ん坊の頃から教わる。「いない・いない・ばあ」という遊びがそれだ。手で隠されて、顔が見えなくなると、赤ん坊はびっくりして泣く。小さな子供にとって、「見えない」ということは「ない」ということと同じだ。大人になると、経験と洞察の力で、隠れたものの存在をある程度、予測できるようになる。錯覚に惑わされなくなる。しかしそれもあくまで「ある程度」だ。

物事を、私たちはいつも主観でとらえている。でも、どこか、自分の目こそがもっとも客観的で公平だと考えている。だから、考え方の違う人に出会うと、思わず怒りを感じたりする。

月が自ら山の向こうに沈み、大地と交わっているのだ、と思い込んでいる人にとって、地球自体がぐるぐる回っているなどとは到底受け入れられない。そうした人がもし、いたら、太陽系の仕組みを知っているわれわれは、その人を嗤うだろう。

でも、私たちは本当に、その人を嗤えるだろうか。内部告発による問題の発覚、善良そうな有名人の犯罪、突然の企業の倒産など、私たちは日々、見えていなかった本当のことに驚かされ続けている。

私たちはしょっちゅう、月が本当に地面に吸い込まれたのだと思うような単純で壮大な誤解を、無意識にしでかし続けているのだ。

# 泥仏不渡水

でいぶつみずをわたらず

泥でできた仏は水に溶けてしまうので、川を渡ることができない。「渡る」は、彼岸に渡るの意。仏は水の上を歩くことができ、自在に彼岸に渡れるとされる。

各国にたくさんの美しい仏像が存在するが、この言葉は偶像崇拝を否定したものだ。同義の言葉に、「木仏火を渡らず、金仏炉を渡らず」というのもある。木でつくった仏は燃えてしまうし、金でつくった仏は炉で溶けてしまう。仏とは、「仏像」ではない。

私たちは、何でも「かたちを見たい」と感じる。この目で見たい、という欲求を持っている。厳かな寺院に入り、絢爛豪華な仏像を見ることで、「仏」の印象を五感に感じ取ろうとする。

たぶん、仏像がなければ、仏とはどんなものなのか、イメージすることは難しいだろう。イメージできないものを、私たちは信用しない。

そんな「見てみたい」という思いの強さが、物事の本質を見失わせることがある。かたちが似ているだけで「それそのものだ」と思い込んでしまう。写真の中に人の顔に似た影があると、「そこに幽霊がいる」と信じてしまう。立派な服を着た人は、立派な人に見える。

人間は「象徴」を扱う。仏像を扱うとき、私たちは仏様そのものを扱っている気持ちになる。紙幣は単なる紙だが、私たちは「象徴」を扱う心の作用によって、単なる紙とは感じない。仏性や価値のような、目に見えない何事かを、人間は「もの」に置き換えて扱おうとする。そしていつのまにか、象徴と象徴されているものが入れ替わってしまう。中身と外側の主格が転倒し、結果、私たちは象徴に込められたものと対話ができなくなってしまう。泥の仏様が水に沈んだとき、私たちの仏も失われてしまうことがあるのだ。

# 投機《とうき》

「機」は、何かが作用する点のようなところ。「投」は、導師が弟子に投げかける教え、導きを意味する。弟子が悟りに近づききったとき、師がまさにその点をめがけて導きの力を投じることを言う。

市場経済の世界で使われる「投機」とは、短期的な価格変動を利用して、取引だけから大きな利益を得ようとする、いわばギャンブルに近い投資行動を意味する。が、「俗」そのもののようなこの言葉ももともとは、仏教に由来している。

「機」とは、説明の難しい言葉だそうだ。「機会」「契機」「機械」「機縁」など、頭の中に並べてみると、この「機」という言葉は、つねに「作用」と「タイミング」の二つを含んでいる。

たとえば、水を小鍋に汲んで、火にかける。水はだんだん温まっていくが、その様子には特別な変化は見られない。しかし、ある瞬間が来ると、水は突然、ふつふつと気泡を出しはじめ、そこからほとんど一瞬で、あの「沸騰」といういかにもにぎやかな状態に変わる。熱と水が出会ったところで、あるタイミングが来て、沸騰という状態に至るのだが、「一〇〇度になればぼこぼこと音を立てて激しく沸きかえる」というその性質は、水がもともと持っていたものだ。

水がもともと持っている本質が、火と出会い、かかわりを重ねることで、ある瞬間に突然、現れいでる。これが「機」だ。

三重苦のヘレン・ケラーが「水」という言葉と、手に触れる水とを頭の中で結びつけた瞬間。子供が練習を重ねて自転車に乗れるようになる瞬間。物と物とがかかわりあったところで、そのものが持っている性質があらわになるという経験を、私たちは体験的によく知っている。効率化や高性能化によって、私たちは時間やスピードを意のままにしようとたくらむけれど、

「機」はそんな手には乗らない。

私たちは時間を私たちの外側にあるものと考えるけれど、「機」は、私たちの内側にある時間に沿う。

私たちの内側にある時間、それは、効率化も高性能化もできない、沸点のような、臨界点のような時間だ。

# 道具《どうぐ》

もともとは、僧の用いる器具、すなわち「仏道を行う上で必要な具足」の意味。転じて、仕事をするための器具の意味で使われるようになった。

「道」という言葉は、「正しさ」という意味を含んでいる。「人道支援」「道にはずれる」などの言い方をする。この「道」という文字は、「行く」という意味のしんにょうと首という字を合わせたもので、もともとは、異民族の首を埋めて清められたみち、を意味するのだという。

異民族の首を埋めるということは、戦争があったはずだ。戦争をする国家のような集団があり、権力があり、為政者によって重要な通路であると認定されたものが「道」とされる。つまり「道」は、単なる人が通る場所である「路」とは違い、その社会に属する人々にとって、特別な通りみちのことなのだ。

「道」は、それ以外の事柄から厳重に区別されている。道に従って歩くとき、道を踏み外してはならない。したがって、そこで用いられるものもまた、他のものから厳密に区別され、厳選されていなければならない。こう考えると、道具とは、あればあるほどいいようなものではなく、むしろ、最小限に突き詰められた、どうしても必要なもの、だと思える。

これがあるとちょっと便利だ、とか、ひとつだけではこころもとない、とか、捨てるには惜しい、等の理由で、日常生活ではどんどんものが増えていく。でも、自分の中にある「正しさ」に本当に照らし合わせて考えたとき、必要な「道具」は、たぶんほんのわずかなのだろう。

# 刀瘡易没《とうそうはぼっしやすく》　悪語難消《あくごはけしがたし》

刀でつけられた傷はいつか消えてしまうが、言葉による傷は消すことが難しい。

人間は、他者と結びつくことで生きている。誰かに必要とされれば自分に価値を感じられるし、逆に、誰からも必要とされないと、自分を空疎な意味のない存在だと感じてしまう。暴力は勿論、人の命を危険にさらす。しかし、誰かを言葉によって否定することもまた、その人が生きようとする意志を揺るがし、危機的状態を生むのだ。

私たちは、自分の言葉が相手に及ぼす影響を過小評価しがちだ。インターネットでの中傷事件がしばしば報道されるように、匿名の世界では、特にこの傾向が強まる。一方、誰かから言われた言葉には、とても敏感に反応する。その意味を何倍にも増幅してしまうこともある。

人間は自分で自分を外側から見ることができない。だからこそ、他者の目に映った自分の像を「見たい」と感じる。その分、他者の自分に関する言葉には、重みがかかる。人から大切にされているのだ、と思えることは、人にとってかけがえのない喜びであり、生き甲斐だ。逆に、誰かに否定されるということは、それだけで日々が真っ暗闇になるほどの衝撃となる。そんな、とても簡単なことに気づかずにいたために、突然、大切な人が自分から離れていったりする。

人の心を丁寧に扱うということは、自分の言葉が相手に及ぼす影響力の本当の強さを知ることから、はじまるのかもしれない。

# 日日是好日《にちにちこれこうにち》

一日一日がそれぞれ、好い日だ。

「好」という文字は、母と子を表す二つの象形文字を組み合わせたものだそうだ。子供を抱く母親、その姿が「このもしい」ということで、好き、好い、という意味になった。そう考えると「好日」というのは、グッドとかラッキーとかのことではなく、ラブリー、つまり、愛すべき日、というふうにも受け取れる。

「愛すべき人」という言い方がある。この表現は決して、整いきった完全な人を言うのではない。どちらかといえば、欠点だらけだけれどどこかかわいげがあって憎めない人、という意味合いだ。

雨の日もあれば、風の日もある。孤独に震える日もあるし、落胆させられる日もある。たぶん、人生のごく小さな単位である「日」は、ひとつひとつが赤ん坊のように無力で、私たちに何もしてくれないのかもしれない。その、何もしてくれない「一日」を抱き上げて、面倒だとか泣き声がイライラするとか文句を言いつつもおむつを替え、面倒を見るとき、赤ん坊が突然、にっこり笑ったりする。赤ん坊の世話は辛く、孤独で、何の見返りもなく、苦しみと孤独感から虐待してしまうお母さんもいる。でも、それでも、世話をし続けるとき、何かが心に生まれる。子供も育っていく。

日日是好日、というのは、毎日がいい日だ、ということではなくて、毎日が愛すべき日だ、ということだと思うのだ。辛くても面倒でも、とにかく一日というものを我が腕《うで》に抱き上げて、子供のようにその世話を焼いてやってはじめて、そこに意味が生まれるのだ、と思う。

# 日面仏《にちめんぶつ》　月面仏《がちめんぶつ》

唐代の禅僧、馬祖大師が臨終の床についたとき、寺の院主が見舞いに来て「お加減はいかがですか」と尋ねると、大師は「日面仏、月面仏」と応えた。日面仏は寿命一八〇〇歳、月面仏は一昼夜とされる。

　馬祖大師は七九歳で亡くなったとされ、当時としてはかなり長寿の人だ。そのように長命でありながら、今、臨終の床でわずかな残り時間を終えようとしている。大師が横たわっている床に、まさに、日面仏と月面仏の両方がいる。

　長寿の老人が亡くなると、「天寿を全うした」という言葉を使う。しかし、若くして死ねば「夭折」として短すぎる人生を惜しむ。幼い子供が亡くなったとき、家族は嘆き悲しんで、この子が大きくなればどうだっただろう、と想像を巡らす。長い人生があって、短い人生がある。しかし、私たちは自分がいつ死ぬか知らない。明日死ぬかもしれない。昨日はもう過ぎ去ってしまって、取り戻すことができない。とするなら、私たちは、月面仏の一日をくり返しながら、日面仏の生を生きている、と言えなくはないだろうか。

月面仏と日面仏が自らの寿命を知っているかどうかはわからない。だが、それが「仏」であるならば、おそらく、いずれの仏様も同じように、生き生きとして充実した一日を過ごすのではないだろうか。

若くして亡くなった子供の短すぎる人生を悲しみ続けるたくさんの親御さんがいる。その深い悲しみは、慰めようもない。だが、「日面仏、月面仏」の言葉は、生きている時間の意味をそっとささやく。たとえ短すぎる人生だったとしても、その子は日々、自らの月面仏の生をめいっぱいに生きていたのだ、と。

# 橋流水不流

はしはながれてみずはながれず

橋を渡るとき、橋は流れてゆくが、水は流れない。無心で行動するとき、物事のあり方はもっと本質的なかたちで見えてくる、の意。

この一節の前には、「何も持っていない手で畑を耕し、自らの足で歩きながら牛に乗る」という意味の文章が置かれている。一見、すべて矛盾しているのだが、これはどういうことなのだろう。鍬を動かすことも、牛に乗ることも、橋の上を歩くことも、すべて、ひとつの手段でしかない。これらは、取り替えが効くし、一時的な条件でしかない。その証拠に、時間が経った現代では、トラクターを使い、車に乗り、多くの川は埋め立てられたりダムでせき止められたりしている。大地があり、道があり、川があるということは変わらない。それに相対する手段は、人間の側にある。

だからこそ、無心に行為するとき、手段は人間の意識の中に一体化され、意識から消え去ってしまう。使い慣れた道具は自分の体と一体になったように感じられ、意識しなくても自在に操れるようになる。そのとき、目の前から道具は消え去ったように思える。今私はこれを書くためにキーボードを叩いているわけだが、キーボードの存在は意識の上にはほとんどのぼらず、ただ書きつつある文章だけが意識の焦点に存在している。

恋人の浮気を疑うとき、ひたすら恋人の浮気相手を憎み、犯罪視する人がいる。でも、本当の問題は自分と恋人との愛情なのだ。もし、その浮気相手に身を引いてもらったとしても、恋人と自分の関係が良くなるかというと、それはわからない。

人はしばしば、そんなふうに、問題の根幹とそうではない部分をすり替えて苦悩する。橋は流れて水は流れない、ということを発見するのは、なかなか難しいことなのだ。

# 八風吹けども動ぜず《はっぷうふけどもどうぜず》

八方から風が吹き寄せても動じない。八風とは、人の心を乱す八つの逆風を言う。即ち、利・衰・毀・誉・称・譏・苦・楽。利は自分の意にかなうこと、衰は意にかなわないこと。毀は影で悪口を言われること、誉は影で褒められること。称は目の前で褒められること、譏は目の前でそしられること。苦は苦しみ、楽は人を喜ばせること。

悪口を言われたり損をしたりして心が動揺し、余裕がなくなるのは、当然だ。しかしその一方で、「いい出来事」「うれしいこと」もまた、人の心に悪影響を及ぼすことがある。

確かに、褒められると調子に乗ってしまったり、人の気持ちに鈍感になったりする。物事が順調に進んでいるときはつい、立ち止まっている人や弱っている人の姿が目に入らなくなる。努力を忘れたり、尊敬の気持ちを忘れたりする。

「逆境に克つ人は大勢いるが、順境に打ち勝てる人はなかなかいない」という言葉をどこかで目にしたが、なるほどその通りかもしれない。うれしいことにも辛いことにも、決して流されることなく、弱さも強さもそのままにあくまで自分自身でいられる人を見ると、その姿に、強い憧れを感じる。

# 春在一枝中《はるはいっしのうちにあり》

一枝の中に、春がすべて詰まっている。

クリスマスになると、ツリーやリースやその他もろもろ、クリスマスらしいものを部屋いっぱいに飾る。「ごちそう」の時は、次から次へとバラエティに富むお皿が出てくる。モテたい、という願望は、たくさんの人に恋心を抱かれたいということだ。価値あるものは、あればあるほど楽しみや幸せが大きくなる、と、誰もが信じて、そのように行動する。

飾り気のない和室の床の間に、一輪挿しが置かれている。そこにあえかに蕾をつけた梅の枝が一本、さしてある。座った人は、梅の枝をじっと見て、天地の春を感じることができる。

部屋いっぱいに春の新しい空気が満ちて、時間が塗り替えられる。

江戸時代の人が一日に受け取っていた情報量と、現代人のそれを比較すると、何百倍にもなるらしい。情報が多ければ多いほど、ひとつひとつは記憶の網目をすり抜けていく。逆に、無音の空間にたったひとつ、ぽろんと鳴らされたピアノの音は、人の心にぐっと入り込んで、強く動かすことができる。

たったひとつのものの中に、すべてが詰まっている。たとえば、恋人からもらったほんの小さなペンダントが、自分の手の中で無限の意味を持つのと同じだ。

# 春は梅梢に在りて《はるはうめこずえにありて》
# 雪を帯びて寒し《ゆきをおびてさむし》

雪の中にあっても、梅花の香りは春を知らせる。それと同じように、悟りをひらいた人の徳というのは、隠しようもなく匂いあらわれてしまうものだ。

雪の寒さの中で果敢に蕾をつける梅のあざやかな紅には、毎年、はっとさせられる。渾身に春を背負ったように咲く梅は、「内なる力」を感じさせる花だ。

あたたかくなったから咲く、日が長くなったから咲く、というのではなく、寒かろうが雪が降ろうが、ひたむきに自らの内なる思いの強さによって咲き出す。

応援があり、導きがあり、環境が整ったところで頑張るのは、たやすい。でも、人の本当の強さや意志は、周囲の条件とは関係なく、発揮される。一切の条件が整わず、逆風や逆境の中にあっても、自分の思いの強さに突き動かされるように前に出てしまうことがある。そういうとき、その人は、寒中の梅のように純粋な春の力に光り輝いている。

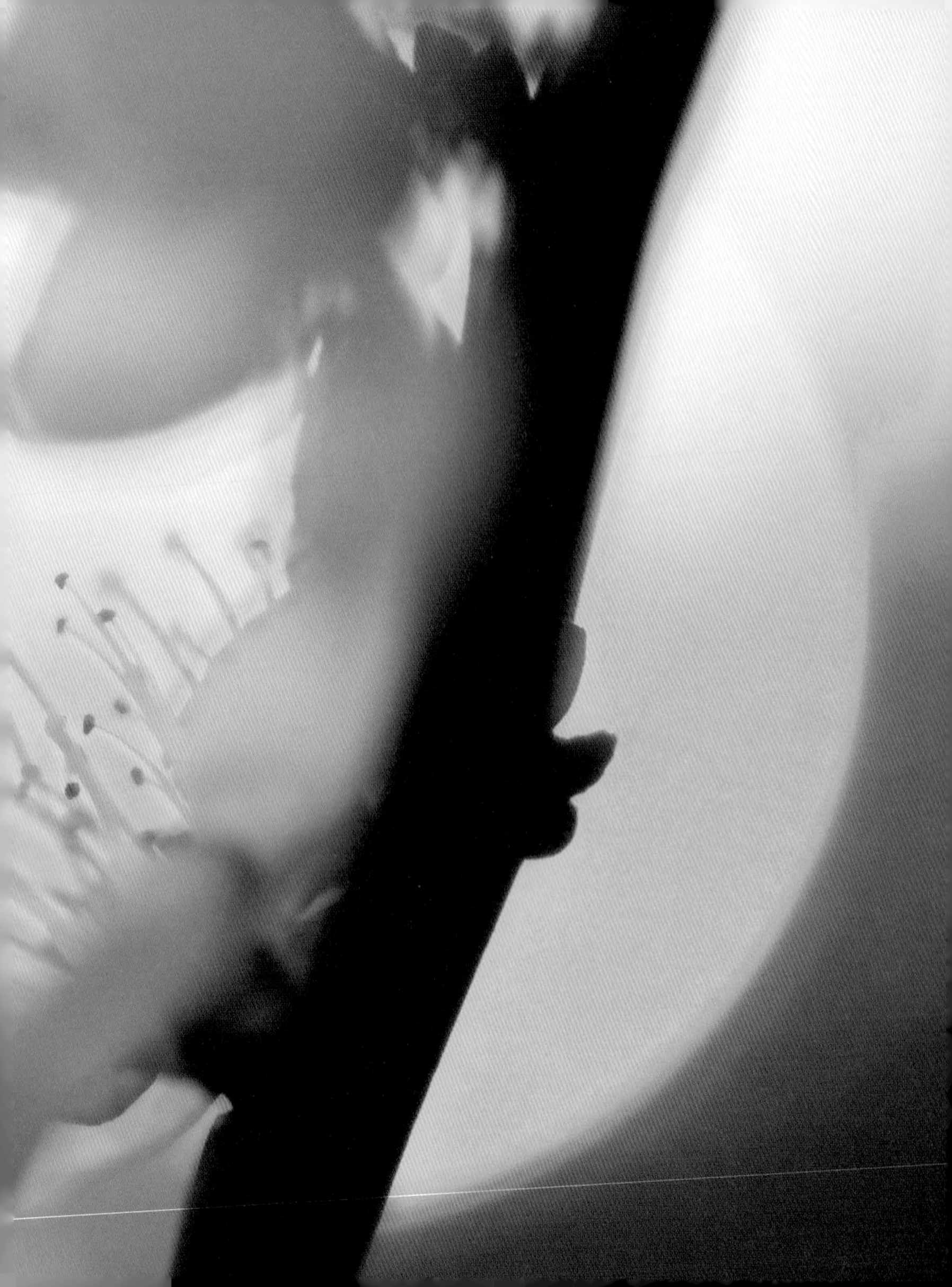

春は花夏ほととぎす《はるははななつほととぎす》
秋は月ふゆ雪さえて《あきはつきふゆゆきさえて》
冷しかりけり《すずしかりけり》

道元禅師の歌。人生も季節に似て次々に移ろいゆき、寒い日もあれば暑い日もある。それをそのままに受け止めて生きれば苦しむことはない、と説く。

この歌を見て思い出した詩がある。詩人・まどみちおさんの「あいさつ」という詩だ。

「相手をどうとも言えないから　天気をほめたりけなしたり」

雨を湿っぽいと憎み、晴れを日焼けすると言ってくさし、日々、無意識に何もかもを「気に入らない」と言い暮らしているのが人間だという気がしてくる。天気であれ、人であれ、自分の意に染まぬものを受け止めてそのまま「是」と肯定することは、いかにも難しいことなのだ。

良寛上人の庵があった越後に大地震が起こったとき、心配した人に上人はこんな言葉を書き送っている。

「災難に逢ふ時節には災難に逢ふがよく候。死ぬる時節には死ぬるがよく候。これはこれ災難をのがるる妙法にて候。」

受け止めることを拒否すると、それは苦痛に変わる。いったん受け止めてしまえば、「受け入れがたい」という苦痛は去る。仕事での失敗や失恋、大事なものを失ったり、勝負に負けたり。人生は日々、そんな受け入れがたいことで満ちている。でも、思い切ってそれを引き受けてしまえば、それは「災難」ではなくなるのだろう。

ある落語の中に、こんな話があった。ウナギをつかもうとして逃げられるのは、逃げないようにぎゅっとつかむからである。ウナギを逃がさないようにと力を入れるのではなく、力を緩めて、ウナギの逃げようとくねるのに合わせて、手のほうでついていけばよい。そうすればウナギは逃げない、と。

逃げるウナギにくっついていてどこまでも行く人生、なかなかおもしろそうではある。

# 人平不語《ひとたいらかなればかたらず、》　水平不流《みずたいらかなればながれず》

人は平穏なときは何も語らない。水も、平らなところでは流れない。

お店や役所の窓口などで、手続きに何の支障もないとき、私たちはほとんど何も話さない。しかし、釣り銭がまちがっていたり、足りない書類があったりすると、そこに会話が発生する。相手の顔を見て、言葉を選び、時に感情を見せたりして、そこではじめて、相手がどんな人なのかわかる。匿名の「無数のお客さん」の群れの中から浮かび上がる、一個の名前のついた人間として認識される。「トラブルは、ファンとなる顧客をつくるビジネスチャンスだ」という考えがあるが、きっかけという

意味では、確かに正しい。

　災害が起こると、多くの人が不安や苦しみを感じる。そして、それを誰かと話し合い、共有したくなる。同じ苦しみを抱える人間同士の対話が生まれる。それが、友情や絆に発展することも多い。「水」は、心理学的に「無意識」「感情」を象徴すると言われている。何事もない、平和なときには流れない水が、トラブルや災難など、一見ネガティブな出来事によって、人の心から心へと流れはじめる。利害関係以外のもので人と人とを結びつけるのが、この「水」であり、「感情」だ。

　自分の損得を度外視しても誰かに何かしてあげたい、というあたたかな思いは、感情による結びつきから生まれる。「予期しない出来事」をただ忌避し嫌悪する人も多いが、予期せぬ出来事の中にしか生まれない愛や絆もあるのだ。

# 入火真金色転鮮

ひにいってしんきんいろうたたあざやかなり

真金は、火に入ると一層色があざやかに輝く。それと同様、真の悟りを得た人は、難に遭っても苦しむことなく、一層徳が輝く。

いつも通りに問題なく事が運んでいるときは、楽に自分の良いところを出せる。しかし、いざトラブルが発生すると、とたんに弱点が現れてしまうことがある。自分の失敗を人になすりつけたり、強そうな相手を避けたりする。普段は見えない弱さが露呈する。いつもは優しくて思いやりがある人なのに、自分だけ助かろうとして、人を押しのけたりしてしまう。「タイタニック」など、突然の大きな災難を描いた映画がヒットするのは、難事にあったとき、人々の真の強さや美しさ、弱さや醜さがむきだしになるからなのだろう。その姿の真実さが、見る人の心を動かすのだろう。

物事がうまくいっているときに頑張ろうと思ったり、希望を抱いたりするのは簡単なのだ。うまくいかないときに頑張ること、苦しいときに希望を抱くことが、本当の力だ。うまくいっているときは、楽に、人に優しくできる。でも、自分がうまくいっていないとき、なおも他者に優しくできる人は、なかなかいない。自分の傷が痛むとき、その痛みをこらえて相手の痛みを想像する力が、本当の強さなんだろうと思う。

# 平常心是道《びょうじょうしんこれみち》

「ふだんの心が道である」の意。

平常心、というのは、日常語となっている。落ち着いて、慌てたり騒いだりしない心、という意味だ。「いつも平常心でいなさい」とは、よく言われるけれども、何となくこのことは、酷薄な態度のようにも思える。痛痒や焦りを一切感じない、石のような心の持ちようが「平常心」なのだろうか。

たとえば、糸を結びつけた錘をまっすぐにおろし、糸を持った視点は動かさずに、錘を揺らす。つまり、振り子だ。振り子はしばらく、左右に揺れるが、だんだん振り幅が小さくなっていき、いつか、もとの場所に戻って動かなくなる。「平常心」

というのは、このように、「揺れても、戻ってゆく位置が一定していること」を言うのではないだろうか。

或いは。音楽では、曲の中でメロディーが揺れ、音量が変化し、転調したり主役の楽器が次々に変わったりする。でも、その曲を全体としてひとつにしているテーマやリズムは、安定していて変わらない。生き生きと変容し、躍動するものの中に貫かれている、そうした安定的なリズムが「平常心」の仕組みなのではないだろうか。

平常心、という言葉は、「恋」と比較したときの「愛」と似ている。恋は激しくなみだち、変化し、熱を持ったり冷めたりするけれど、愛はそうではない。「平常心」は、いつも変わらない心、ではなく、自由に変化し反応できる心、のことを言うんだろうと思う。

# 無事是貴人《ぶじこれきじん》

なすべきことのない人が貴い。悟りや救いを求めてあれこれと外を探し回るのはまちがいで、真の境地は自らの内側にある。

無事、という言葉は、ケガも病気もせず災難にも遭わず、という意味で使われる。だが、この言葉の中の「事」は、「なすべきこと」を意味している。やることがない、というのは、ぼんやり怠けているというのではなく、外の世界にあれこれと働きかけて何かを得ようとしていない、ということだ。

ちなみに、競馬の世界ではこの言葉をもじって「無事是名馬」と言い習わす。

この「無事」はもちろん、ケガをしないことだ。サラブレッドのスピードを生み出す脚は、ガラスのように繊細で脆い。どんなに強い馬でも、ちょっとした故障で、二度と走ることができなくなる。脚が治らなければ命も助からないことが多いのだ。レースに勝って賞金を稼ぐのもさることながら、引退後に優秀な子孫を残すことも「名馬」の大事な条件だ。しかるに、走るのが速いことよりもまず、何着でもいいからレースに出続けて競走馬生活を健康に全うできる馬が、真に名馬と呼ぶにふさわしい、というわけだ。

誰よりも先着しようと必死になるのではなく、ただ走り続けることを目指す。このありようは、なんとなく「無事是貴人」と気脈を通じているような気がするのは、私だけだろうか。

馬は、走ることがとても好きな動物なのだそうだ。無心に疾駆している馬を見ると胸が高鳴るのは、馬が楽しんでいるからなのだろう。

# 本来無一物《ほんらいむいちもつ》

もともとそれは、汚れたり傷ついたりするようなものではない。

「身はこれ菩提樹、心は明鏡の台の如し。時々につとめて払拭して、塵埃に汚さしむることなかれ。」という詩に対してうたわれた詩の一句から来ている。

「菩提もとより木なし、明鏡もまた台にあらず本来無一物、いずれのところにか塵埃を惹かん」上記の詩は伝承であり、別に「菩提本無樹，明鏡亦非臺　佛性常清淨，何處有塵埃　心是菩提樹，身為明鏡臺　明鏡本清淨，何處染塵埃」菩提にはもともと木はないし、明鏡も台のおかげで明鏡だというわけではない。菩提・明鏡になぞらえられている仏性は、常に清浄なもので、汚れたりしない。心こそが木で、台が体だ。明鏡はもとより正常なのだ。明鏡は汚れない。汚れるのは、われわれ自身、すなわち、台である身体、木である心なのだ。

「無」という仏教用語のために、「本来無一物」は、ちょっと誤解されているような気がする。たぶん、日常的に使われる意味合いのほうが本来の詩文にはぴったりくる気がする。

知人の話。

「私の友だちがこないだ四七歳で結婚したんです。彼女の親はすごく厳しくて、結婚相手は固い仕事で実家がちゃんとしてておお金があって、とたくさん条件をつけていたから、なかなか結婚できなかったのね。でも、最終的に結婚した相手は、財産も家もなーんにもない無一物の人だったの」

財産や家は、とても人間らしい条件だ。でも、これらを取っ払ったところに、絆が結ばれる。若い肉体や劣情に促された架空の恋愛でする勢いの結婚ではなく、長い葛藤と向き合ってようやく何かを捨てたところに見出した絆だ。それはしかし、もともと彼女が持っていたもので、ずっと穢れることも傷つくこともなく彼女の中にあり続けていたからこそ、何かを捨ててはじめてそこに現れた。

本来無一物、とは、そういうことなんだろうと思う。

# 莫妄想《まくもうぞう》

「妄想することなかれ」。頭であれこれくだらないことを考えるのをやめよ、の意。

禅や茶道の世界では、行為し体験することを通して智を会得しようとする。「禅問答」のような言葉による指導もあるが、書物にある知識を頭に詰め込もうとか、解釈しようということではない。仏教は知恵の宗教だ、と言われるが、この「知恵」は、本を相手に得られるような「知恵」ではない。学校の勉強のようなものとはまったく違うのだ。

古い中国の禅師には、弟子を殴ったり投げ飛ばしたりするかなり乱暴な逸話がたくさん残っている。現在でも、禅においては、棒で叩いたり大声で喝を発したりと、修行者に手荒な衝撃を与える。そうした肉体への衝撃により、頭の中に湧いてしまう思念を、強制的に中断させることができるのだろう。叩かれたり大声を聞いてびっくりしたりすると、瞬時に思考はストップし、心が真っ白になる。あれこれ賢しらに解釈しようと頭を使うより、「びっくりして真っ白」の状態の方が、悟りの世界にずっと近いのだ。

囲碁に「下手の考え、休むに似たり」という言葉がある。何もわからないものがあれこれ考えを巡らせるのは、ぼんやり休んでいるのと変わらないのだ。考えているヒマがあったらとりあえず一手打って、相手の反応を見るほうがずっと早く、技を磨けるということだ。すなわち、莫妄想、なのだ。

# 自返照看《みずからへんしょうしてみよ》

自分を深く省みよ。外に答えを求めるのをやめよ、という意味の句が続く。

この語を読んで、先日お会いした、あるギャラリーのオーナーのお話を思い出した。

「名画の展覧会に行くと、最近では誰もがイヤホンでガイドを聞きながら見ています。絵画の横には作品のタイトルや説明書きがあって、お客さんはそれを読み、絵をちょっと見て、同行者と互いに『これは知ってるわ』『これはあの人がいいって言っていたのよ』とささやきあっているんです。まるで、記憶を確認しにきているようです。そうかと思うと、バーゲンがあるでしょう。女性たちはバーゲンに行くと、かごに山と積まれた服やバッグなんかを、瞬間的に選んでいきます。色や柄、デザインの善し悪しなんかを、自分の感覚だけでどんどん選んでいくわけです。私は本来、アートというものは、そういうふうに楽しむべきものだと思うんです」

名画を見たとき、私たちは無意識に「解釈をまちがうのではないか」「まちがった評価をしてしまうのでは」と怖れる。まるで学校のテストのようだ。しかし、その絵画を愛するかどうかは、服を選ぶときと同じように、自分の中にその答えがある。誰がいいと言おうと、自分が好きになれるかどうかは、それとは関係ない。その絵画の真の価値は、市場や目利きの評価でできているわけではない。

他の誰でもない自分が、他の誰でもないたったひとりの人に恋をするように、その真実は自分の心の中だけにあるのだ。

# 水急不流月《みずせわしくしてつきをながさず》

川の流れがどんなに急であっても、水面に映じた月が流し去られることはない。

禅語にはしばしば「水」が登場する。それも、流れていく水、即ち、川が多い。「山門」という言葉の通り、寺はたいてい山にあるので、僧にとっては、海や湖よりも川が身近なのだろう。流れていく川の様子は、仏教の根本思想である「無常」、つまり「常ならぬ」というイメージによく重なる。水はどんどん流れ去っていき、とどまることがない。川を時間の中で捕まえることはできない。川は、ひきとめることができないものとして、常にそこに存在している。「無常」と言うと実に仏教的だが、おそらくこれは、もっと平たく言えば、私たちが生活の中で常に体感し続けている「時間の流れ」のことなのだ。

時間は留めがたく、どんどん過ぎていく。私たちは時間の中で、何かを得つつも、いろいろなものを次々に失っていく。若さや、お金や、愛や、そうした大切なものが、時間というものによって留めがたく押し流されていく。まさに、時間という川の流れの中にいるようだ。何もかもすべて、時間の中に、流れて去ってしまう。

この事実は、私たちにとって絶望的だ。でも、僧はそこに、水面に照り輝いて流れ去らない月の姿を見つける。流れていくものの中で、流れようもなく輝いているものがある。これはいったい、何なのだろう。

川の流れの中に見えているのに、水に押し流されないのは、映じているその本体が、水の中にはないからだ。月は天にあり、水がいくら流れてもそれが流れ去らない。

僧ならばこれを「人の仏性だ」「仏の教えだ」などと解釈するだろうか。

私たちの生活の中に、時間に押し流されずに常に映り込んでいる光とは何だろう。私たちはそれを何と呼んでいるのだろう。たぶんそれは、祈りとか、誠実とか、愛とか、そんなふうに呼ばれているものなのかもしれない。

# 飲水貴地脈

みずをのんでちみゃくをたっとぶ

水を飲むとき、それをもたらした水脈の貴さを思う、の意。

「とうとい」という言葉には、書き方が二通りある。ひとつは「尊い」、もうひとつは「貴い」だ。この二つの文字は、実は、まったく逆の方向から成立している。

「尊い」のほうは、下の「寸」が親指を表し、上のほうは酒樽を表している。酒樽を下から捧げ持っている様子を象形しているのだ。

一方、「貴い」のほうは、「贈り物」という意味になる。下のほうが金品で、上のほうが手を意味する。贈られたものだから、貴い、というわけだ。

誰かから何かを無償で提供されるとき、私たちの心には何か特別なものが生じる。素直に「ありがたい、うれしい」と思えるときでも、相手に対して目に見えない債務の重みを感じる。時には「ありがとう」よりも先に「すみません」と言ってしまったりする。「恩」の重みは、時に耐えがたく感じられることがある。そのため、遠慮やお返しをする。お祝いや香典にすら「お祝い返し」「香典返し」などの習慣があるほどだ。でも、私たちは生きているだけで否応なく「もらっている」という事実を背負い続けていかなければならない。水、食べもの、居場所や愛情に至るまで、全世界から何かをもらい続けて私たちは生きている。もらっている、と自覚するには、恩の重みを引き受けていこうとする、ある種の勇気が必要になる。

その勇気は、与える者を幸福にする。与える側は、受け取ってほしいと思って与えているからだ。贈り物は、受け取られ貴ばれるべきなのだ。

# 看々臘月尽《みよみよ、ろうげつつつく》

臘月は一二月のこと。「見なさい、一二月がもう過ぎてしまいますよ」の意。

年を取ると月日の経つのが早く感じられる、とは、古くから言い習わされた歎息だ。年が明けたと思ったらもう五月だ、うっかりしていたら夏が終わってしまった！　等々、みるみるうちに時間が過ぎていく。

ずっと夢だったけれど、留学するにはもう年を取りすぎてしまった、とか、この年では転職は無理だ、など、多くの人が年齢を嘆く。八〇歳のおばあさんが「あと一〇年若かったら」と言い、同じように、七〇歳の人も、五〇歳の人も「あと一〇年若返りたい」と言う。時には二〇歳の子が、「あと五年戻りたい」と言うことさえある。

こうしてみると、五〇歳の人は、六〇歳の人が一〇年若返った状態にある。七〇歳の人もまた、八〇歳が一〇年戻った姿だと言える、二〇歳の子は、三〇歳が一〇年若返ったかたちだ。そう思って、改めてこの「看よ看よ、臘月尽く」の言葉を読み返すと、今この瞬間がまさに、自分が望んで若返って生きている時間の「一二月」なのだという気がする。

ある人が「これからの人生において、今が一番若いのだ」と言ったが、まさにその通りだ。「若返りたい」という願望は、若返れば、もっとたくさんのことができるのに！　という歎息だ。やりたいことがいっぱいあるのに今ではもう遅い、という感覚が、「若返りたい」という思いの底にある。でも、本当に「今ではもう遅い」のだろうか。

一〇年後の自分が一〇年若返った姿が、今まさに、ここにある。

# 諸悪莫作《もろもろのあくはなすことなかれ》　衆善奉行《もろもろのぜんはぶぎょうせよ》

この言葉を教えとして授かった人が、「そんなことは三歳の子供でも知っている」と言ったとき、導師はこう答えた。「一〇〇歳の老人でもこれを実行するのは難しい」

やって良いことと悪いことは誰でも知っている。でも、その知っている悪を犯さずにいることは相当難しい。「人の悪口を言うな」とは誰もが子供の頃から教わるのに、テレビをつければ人の悪口ばかりが聞こえてくる。ゴミの出し方、ずる休みのための小さな嘘、ゴマカシや割り込みなど、人は日々、小さな悪事を無意識に重ねながら、ちょっとずつ自分を許して生きている。頭でわかっていることでも、実行するのは本当に難しい。

実行できるのでなければ、本当に「わかった」ということにはならない。このことは、たぶん、自転車に乗れるようになるとか、逆上がりができるようになるとか、そういうこととよく似ている。悪を行わず、善を行えるようになるには、失敗して転んで膝をすりむくような、ある種の痛みが伴うのだ。たとえば、人の悪口を言わなければ仲間はずれにされるかもしれないし、嘘を避けて本当のことを言って、誰かを傷つけてしまうこともある。

本当に善を行えるようになるために、痛い思いをすることを、私たちは無意識に恐れて避けているのだろう。弱さは、身を守ろうとする態度になる。身を守ろうとしたとき、人は、悪事を犯すことができる。「大切な人のために鬼になる」ことができる。

悪をなさず、善をなす。誰でも知っている簡単なことが、どうしてもできない。知っていることと、できることは、まったく違うことなのだ。

# 無功徳《むくどく》

梁の武帝は信心の篤い人で、多くの仏寺を建て、出家僧を増やした。帝は、大聖達磨に「たくさんの供養をした私にはどれほどの功徳があるでしょうか」と尋ねた。達磨はこれに対し、「功徳などない」と応えた。

「それをやったら何の得になるの？」ごく日常的な問いかけだ。仕事や勉強をするとき、私たちは、報酬や成績を目標にする。「それをやったら何か自分にとってうれしいことがある」「それをすることで何かを手に入れることができる」と思えば、私たちはなっとくして取り組む。善行を積めば功徳がある、つまり、天国に行けたり、災難を避けることができたりする、と、私たちは直観的に信じている。うれしいことが未来にある、だから、現在楽しくなくてもがまんする。そういう理屈だ。

その一方で、人間は、遊ぶ。たとえば、多くの人が、スポーツを楽しむ。プロの選手以外は、何かほかのことを目的にしてやっているわけではない。走っていること自体が楽しい、ボールを蹴ってゲームをすること自体が楽しいのだ。だから必死になってやるし、上手くなるために少々の苦労を好んで引き受ける。遊びの世界は、行為と同時に、報酬がある。未来に何かいいことがあるのではなく、今この瞬間が「いいこと」なのだ。

見返りを求めて何かをしている時間は、未来には喜びがあるけれど、現在には苦痛しかない。そうではなく、遊びのように「今この瞬間が楽しい」と感じられれば、未来と引き替えに現在を犠牲にしたりしなくて済む。苦労と報酬が、同じひとつの時間の中にぎゅっと詰まっている。もしそういうふうに過ごせていたら、「これだけ供養をした私にはどんな功徳があるでしょう」なんて、聞きたくなったりしない。

# 明鏡止水《めいきょうしすい》

曇りのない鏡や静かに澄んだ水面のように、清明でゆがみのない心のあり方を喩えた、荘子の言葉。

この言葉はもともとは禅語ではなく、荘子の言葉だが、禅に通じるものがあるため、よく用いられる。禅の世界では、この世の物事をありのままにとらえることが強調される。これは、簡単なようだけれど、なかなかできることではない。私たちの心には、先入観や恐れ、期待などが何層にも入り交じっていて、ありもしないものを見たり、当然見えるはずのものを見失ったりする。顔かたちがきれいなら善人だろうと想像し、いわゆる「悪人顔」の人はそれだけで避けたりする。恋に落ちて結婚しても、「価値観の違い」ですぐに離婚することもある。人でも物でも「見る目がある」ということは、心の中に曇りがない、ということなのだろう。

鏡を見るとき、人は鏡自体を見ているという意識を持たない。鏡に映った何かを見ている。静止した水面を見るときもそうで、そこに映りこんだ自分の姿や空の雲などを見い出す。澄んだ心を持った人に出会うと、相手の姿ではなく自分の姿をみてしまうことがある。そんなふうに、自分のウソや隠している悪を見抜かれるのでは、という恐れを感じるのだ。「裸の王様」や「美女と野獣」など、損得利害からはなれて真に澄んだ心を持った人がどのように真実を見抜くか、ということをうたった寓話は数多くある。

私たちは、世界は自分の目で見たとおりだと信じている。でも、実際はそれほどに、世の中の物事をありのままにとらえるのは、難しい業なのだ。

# 眼不自見《めはみずからをみず》　刀不自割《かたなはみずからをさかず》

眼は自分自身（眼球）を見ることはできない。刀も、自分自身を斬ることはできない。

鏡や写真があるので、私たちは何となく、自分を見たことがあるような気がしている。でも、自分が他人を見るように、自分の全体像を肉眼で見ることは、一生、できない。鏡像や写真、それから眼に見える自分の体のさまざまな部分を見て、人は頭の中に「セルフイメージ」をつくる。しかしそのイメージは、単なるイメージでしかなく、実像とは完全には一致しない。人の頭は、こと自分自身に関しては、好きなところは強く、嫌なところは弱くデフォルメするからだ。

人はたぶん、他者と関わることによってしか、自分を知ることはできないのだろう。刀は何かを斬ったとき、はじめて自分の鋭さを知る。人は誰かに見てもらい、言葉や表情などの「反応」を得ることで、自分の姿の何事かを知る。時に、受け止めがたい「反応」もある。それを忘れてしまう人もいれば、体の中心で受け止める人もいる。

逆に、誰かの姿に反応してあげることも、重要なことだ。

周りの人に対する反応はすべて、その人たち自身を映し出している鏡だからだ。平らな鏡には、正確に近い像が映るけれど、ゆがんだ鏡にはゆがんだ像が映る。自分が澄明でないとき、相手は相手自身を誤解することもある。相手が相手自身を誤解すると、その鏡のゆがみは、自分の姿となって照り返される。多くの行き違いや諍いは、そんなところから生まれるのかもしれない。

# 薬病相治《やくびょうあいじす》

薬と病は互いに治し合う。

薬が病を治す、というのはわかる。しかし、病が薬を治す、というのはどういうわけだろう。薬もまた「病んで」いて、病が薬にとっての薬として作用する、ということだろうか。これは一見、奇妙な言葉だ。

べつの言葉に「薬ならざるものなし」というのがある。世界には、何かの薬にならないようなものはひとつもない、という意味だ。ならば、「病」でさえ、何かの薬になるということになる。

たとえば、こんなことが言えるかもしれない。多くの人が、「自分には欠点がある、治さなければならない」と思っている。これはいわば、ひとつの「持病」のようなものともいえる。でも、この欠点が、誰かの欠点に対する「薬」として働くことがある。或いは。子育ての場では、子供が不完全で未熟であるため、大人が世話をしてやる。これも、関係としては不完全な子供が「病」のほうで、助ける大人が「薬」と言える。しかし、子育てにおいて親が「子供に教えられた」「子供に育ててもらった」というのは、とてもよく耳にする話だ。ここでも、薬と病は反転している。

私たちにとって薬は「もの」だから、薬の気持ちを聞くことはできないけれど、薬は薬で、自分の特性や偏り、効能を、病として苦にしているのかもしれない。病を得た私たちはその苦しみを、薬となって取り除いてやっているのだ、と考えると、ちょっと愉快な気がする。

# 山是山《やまはこれやま》　水是水《みずはこれみず》

圜悟禅師が雲門禅師の言を引いていわく、「みな、妄想してはならない。山はこれ山、水はこれ水。僧はこれ僧、俗はこれ俗。

虹は七色、と言われるけれど、実際にその画像を見ると、どこが境目かは判然としない。五色にしか見えないこともあるし、文化や国によっては三色にしか分けられない場合もあるらしい。

悪と善の境目をじっと見ていると、どこが境界線かわからなくなってくる。犯罪事件の詳しい経緯をたどってみると、途中までは犯人のほうが被害者の立場であったりする。朝と夜の境目、季節の境目も、「ここが境界線」とハッキリ断じることが難しい。

私たちはしばしば、自分と他人を比べて優劣を問う。これは、お互いの差分を見つけ出して区別しようとする、いわば「境界線を引こうとする」やり方だ。そこには、優越感や劣等感は生まれても、「自分は何ものか」という問いへの答えは見つからない。

この言葉は、見つめれば見つめるほど見えなくなる境界線について、ぴしりと「山は山で、水は水だ」と言い切る。「妄想するな」と言い切る。人と人、物と物とを比較した「差」によって引かれる境界線は、人間の妄想でしかない、というのだ。

物事の本質は境界線によって決定されるのではなく、そのものの中心にある何事かによって決定されている。山は自ずから山で、水は自ずから水なのだ。

# 落花流水太茫々《らっかりゅうすいただぼうぼう》

「茫々」は、果てしなく流れていく様。花が散り落ちて、それが川に流されていく光景。転じて、無心に、流れに逆らわず身を任せて生きよ、との寓意。

禅語の世界には、「止まる」ことと「動く」ことの不思議を見つめる眼が常にある。物事が移り変わり、動き、流れていく。その流れが、いつも変わらずにそこにある。変化し続けるという動きが、永遠に変化しないかのようにそこにあるのだ。

日頃の私たちは、それを逆にとらえていることが多い、という気がする。変化し続けることを嫌い、永遠に続いている流れのほうには気がついていない。

「無常」とは、「常なるものは無い」、つまり、「いつも同じ状態でいるということはありえない」という意味だ。でも、その一方で、「無常」という状態が保たれている。

流れ続ける川、そこに流されていく花びらを見ると、そのことがよくわかる。目の前にあった花はもうない。流し去られてしまう。でも、この「花が流れる」という出来事は、この時間にずっと起こり続け、来年になればまた、同じ光景がここに展開される。

健康、愛情、お金、若さなど、私たちは何かが刻々と失われていることに心を痛め続けて生きる。失恋すれば復縁を願い、アンチエイジングと称してさまざまな薬を使い、人よりも得をしたいと計算し続ける。そうした、何かを失わずにいたい、取り戻したい、と思う心の切迫した苦痛には、終わりがない。なぜなら、どんなに努力しても、失われていくものを取り戻すことはほとんど、不可能だからだ。

でも、目の前のものが失われるということは、もう一方の「繰り返される永遠」を保つことに繋がるのだろう。

何かを失わずにいたいと思う苦痛から自由になることは至難の業だが、もしそれができたら、落花流水の美しさを自分のものにできる。真に美しい人の中に、そのような流れを感じることがある。

# 蓮花未出水時如何《れんげいまだみずをでざるときいかん》

ある僧が智門禅師に「蓮花がまだ水面に出ないときはどうですか」と問うた。智門禅師は「蓮花の花である」と応えた。僧はさらに「水を出たあとはどうですか」と問うた。禅師は「葉である」と応えた。

蓮花が蓮花である、ということは、その姿の変化に関わらず、蓮花という植物全体の内奥から光り輝いている。だから、花が出た状態はどうか、花が出ない状態ではどうか、という、姿の変化を指摘する問いには、その逆の状態を応えることで、二つの状態に何ら差をみとめないことを示す。一見、不可解な問答だが、花という状態の中に葉が、葉という状態の中に花が、それぞれ含まれていて、二つの状態を差別しえない、ということをこの問答は表現している。

この言葉を読んで、私は、何年も前に読んだ、ある小説を思い出した。小説の中で、主人公の女性は堕胎を経験していた。そのことが深い痛手となっていて、彼女は子供をつくることを拒否していたのだった。詳しいストーリーは忘れてしまったが、彼女の胸中はどうなっているのだろう、と、ふと、疑問に思ったのを覚えている。

蓮花の蕾がまだ水面下にあるときも、花が咲き出しても、花が枯れても、蓮花は蓮花全体であり、常に花であり葉であり根である。状態は変化しても、蓮花は変化しない。彼女の中で何かしら、目に見えないけれども決して変化しないものが、おそらく、そこにあったのかもしれない。それは、「母なるもの」だったのではないだろうか。

## 参考資料


『一日一禅』秋月龍珉　講談社学術文庫

『禅語遊心』玄侑宗久　ちくま文庫

『ちょっと困った時、いざという時の「禅語」100選』西村恵信監修／仏楽学舎著　知的生きかた文庫　三笠書房

『ほっとする禅語70』渡會正純・石飛博光　二玄社

『名僧のことば　禅語1000』伊藤文生編　天来書院

## プロフィール

文／石井ゆかり（いしい・ゆかり）
独学で星占いを習得、2000年よりWebサイト「筋トレ」を主催。週・年間12星座占いを掲載し、占いの枠を超えた独創的文体で人気を集める。著書に、エッセイ集「星なしで、ラブレターを。」「愛する人に。」「星栞　2009年下半期の星占い」（幻冬舎コミックス）、「12星座」（WAVE出版）、「いつか、晴れる日」（ピエ・ブックス）など。第7回Webクリエーション・アウォードにてWeb人賞を受賞。
「筋トレ」http://st.sakura.ne.jp/~iyukari/

写真／井上博道（いのうえ・はくどう）
1931年兵庫県生まれ。1954年龍谷大学文学部仏教史学科卒業後、産経新聞大阪本社編集局写真部入社。1966年プロカメラマンとして独立。1987年有限会社　井上企画・幡を設立。1983年から1997年まで大阪芸術大学写真学科勤務、退職後は撮影・創作活動に専念。日本写真家協会会員（JPS）、奈良市美術家協会会員、水門会会員他。主な著書として、『東大寺』（中央公論社）、『日本の庭園』『やまとのかたち・こころ』（講談社）『万葉集』『俳句』『山頭火』（ピエ・ブックス）など。
2012年不慮の事故により81歳で他界。

# 禅語 zengo

二〇一一年四月五日　初版第一刷発行
二〇二二年九月五日　第四刷発行

文　石井ゆかり
写真　井上博道
デザイン　淡海季史子
編集　釣木沢美奈子
発行人　三芳寛要
発行元　株式会社パイ インターナショナル
〒一七〇-〇〇〇五　東京都豊島区南大塚二-三二-四
TEL　03-3944-3981　FAX　03-5395-4830
sales@pie.co.jp

印刷・製本　株式会社アイワード


ISBN978-4-7562-4135-1 C0072
Printed in Japan